HOIKU Room
#02

子どもへの責任

日本社会と保育の未来

加藤繁美 Katō Shigemi

ひとなる書房

第四章 子育て支援政策の光と影 115

装幀／山田　道弘

はじめに

●1　「ホイクノヒト」の苦悩と喜び

『フクシノヒト』[1]という本があります。

大学を卒業した後、安定した仕事を求めて役所勤めを開始した主人公の青年が、配属された福祉課で出会うさまざまな人たちの人生に触れながら自分を成長させていく、そんな話が小説仕立てでまとめられた本なのですが、読んでいるとこれがけっこうおもしろいのです。いや、いろいろと考えさせられるのです。

もっとも、同じ福祉課と言ってもこの本の主人公が出会う人びとは、病気や障害といったさまざまな困難を抱えながら生きる生活保護受給者たちなのです。したがって本書でこれから考えていく乳幼児を対象とした保育の現実とは少し抱えている問題が違うことは事実です。

しかしながらそれでも、役所の中で人間の人生に向き合っていくだけで自分が変わり、生きる意味が変わっていく、そんな物語をみていると、人間ってつくづく「人間らしく」生きようとしている動物なんだなあと考えさせられたりするのです。

もちろんこの小説、「汚物溜り」「汚れ仕事」「社会の底で」と、つけられた見出しはさすがにすさまじい言葉で埋められているのです。そしてこの主人公の青年も、そんなにかんたんに自己変革をとげていくわけではないのですが、青年の周囲にいる「フクシノヒト」たちが、けっこういい雰囲気をかもしだしているのです。

そして私はと言えば、この青年が二年目の春に保育課に配置換えになり、そこでまた「ホイクノヒト」として新たな出会いを重ねていく続編を、勝手に頭の中で書き始めていたのでした。

実際、保育の世界には人間の根源を問い直すような感動的な出来事がいっぱい詰まっています。親たちの生き様の中に、子どもの発達の中に、そして保育者の苦悩と成長の中に、さまざまな人間発達のドラマがちりばめられているのが保育・幼児教育の世界なのです。こんな世界をデザインし、コーディネートしていく「ホイクノヒト」として役所の中で働くのですから、これはもう面白くないはずはない……。

ところがそうはいうものの、私が最近出会った保育課の人びとは、なぜかみんな重苦しい雰囲気を漂わせているのです。「次世代育成支援対策推進法」が国会を通って、各自治体で十年後の保育・幼児教育を展望した青写真を描く機会が保障され、そんな夢のある仕事をしているはずなのに、なぜか表情は明るくないのです。これはいったいどういうことなのでしょうか。

いや、役所の中で働く「ホイクノヒト」だけではありません。「利用者主権」などという言葉が使われ、「利用しやすい保育所」というスローガンとともに保育改革が進められ、働きながら子育てすること（子育てしながら働くこと？）が公に認められたにもかかわらず、親たちの表情も暗いのです。暗いというより疲れて、けっこう苦しい雰囲気なのです。

そして頼みの保育者は……。おそらく保育者の顔が、一番複雑で、理解困難な状況にあると言えるかもしれません。どんなときにも「展望なき楽天性」（失礼）を失うことのなかった保育者たちが、どうもそんな「楽天性」だけでは生きていけない現実を前にして、悶々とした空気に覆われつつあること。こうした問題が実際、かなり深刻な問題として全国規模で広がりつつあるのです。

●●2 拡大する保育者の苦悩とジレンマ

たとえば次に紹介するのは、保育者になるのが小さい頃からの夢だったという、保育者になって二年目の保育士が新聞に寄せた投書です。この投書に記された内容は、保育所と保育者が置かれている現実を、かなり正直に表現しているように私には思えます。

「子育て支援事業、学童保育、地域との連携……今、保育の現場は大きな変革期を迎えています。

そんな中、保育士となって二年目、日々が本当にめまぐるしく過ぎていきます。出勤後八時間の保育、その後に待ち構える書類や保育計画、行事準備、児童票など、帰宅してもまだまだ終わらない仕事の数々。しかも給料が仕事密度に合わず、残業代も出ず、休日も呼び出しの電話が鳴り、私生活と仕事が切り離せない毎日が続きます。

私は保育士になりたくて夢かなって大好きな仕事につけたのだし、この仕事以外考えられないとさえ思っています。私は保育士として、家庭で子供たちに十分な保育が行き届かない分を保育園でたくさんの愛を注ぎ、家庭と共に子供たちの成長を喜んだり、考えたりしていきたいのです。

けれども今年度から、国は保育園への補助金を削減し、一方で子育て支援事業や学童保育などで仕事を増やしているのです。保育士はますます余裕を失ってしまいました。こんなことでいい保育、子供たちを慈しむ気持ちが保っていけるのでしょうか。またこんな状況で育てられる子供たちは……。不安でいっぱいです(2)」

もちろん、この投書を書いた保育士に「未熟さ」がないのかと問われれば、それはまったくないとは言えないのだろうと思います。そして、こうした難しい課題にチャレンジすることに、現代社会を生きるプロの保育者としての真骨頂が存在しているのだと言われれば、それもやはりそのとおりなのだろうと思うのです。

実際、児童福祉法の改定（二〇〇一年十一月）で法定（国家）資格となった保育士の任務は、法律によって明確に「専門的知識および技能をもって、児童の保育および児童の保護者に関する指導を行なうことを業とするもの」（第十八条の四）と規定されています。つまり、「児童の保育」と「保護者に関する指導」という二つの仕事が保育士の基本的任務と考えられるようになってきたわけですから、そしてそうした流れの中で保育者は、どんな困難にも立ち向かっていかなければならないのだという議論が存在することは、それはそれで理解することができるのです。

しかしながら、そうした意見がいくら「正論」であったとしても、勇気を持って投書を書いたこの若い保育者の苦しみを、個人的な問題にとどめておくことは間違っています。なぜならこうした矛盾や苦しみは、制度に内包する構造的な問題として生じていることがらなのですから。

何といっても週五日の労働で、最低でも週六日保育所は開けておかなければならないのです。八時間労働で十二時間の保育所開所が求められているのです。そして挙句の果てには、定員の二五パーセントオーバーまでは入園を許可する、いや、園に余裕があるならそれ以上の子どもを入園させても良いと行政の指導が入っているのです。こうした生活が常態化しているのですから、これはもう保育者にしてみたら悲鳴の一つも上げたくなるというのが現実なのです。

つまり、一九九〇年代以降行政主導で進められてきた保育機能拡充政策が「託児機能」に焦点化されて展開されてきたため、相対的に「教育機能」を軽視する傾向を生みだしてしまったのです。そしてこれまでは保育者の努力で、かろうじてこの二つの機能の間で生じる「矛盾」を繕ってきたのに、もはやその努力も「限界」を超え始めているというのが、日本の保育・幼児教育の現状だということなのかもしれません。

いや、何も矛盾は保育者にのみ現れているわけではありません。保育者たちが訴える矛盾や苦しみは、実は子どもたちの苦しみを代弁したものでもあるのです。

じっさい、子どもたちが抱える矛盾は深刻です。

長時間保育が常態化すると、子どもの帰宅は遅くなります。就寝時間が十時過ぎるのは当たり前になり、当然のことながら気持ち良く目覚めることなどできなくなります。そんな状態で無理やり起こされても食欲などわいてくるわけないのです。そして親たちに急かされ、叱られ、不機嫌な状態で登園してくるわけですから、子どもたちは集団の中で「心地よく」生活することなんかできないわけです。

おまけに毎日生活する部屋は「待機児解消」ということで定員オーバーを余儀なくされ、先生と遊びたいと思っても担任の先生は「週休」で不在だったりと、保育園の生活がどんどん「子どもの論理」とはかけ離れたところに追いやられている感じなのです。

重要な問題は、こうした生活を長期にわたって強いられていく中、家庭の中でも園の中でも、心地よく「自分」と向き合うことができない子どもたちが作り出されている点にあります。私はこうした子どもたちの問題を、「自分づくり」につまずく子どもの問題としてとらえてきましたが、じっさいそうした形で「自分づくり」につまずいた子どもたちが、年々増加しているというのが保育者の実感でもあるのです。

●●●3　子育てがうまくできない親と、そんな親を許せない保育者と

こうした中、保育者たちの頭を悩ますもう一つの問題が、親たちとの関係です。これまで「共育て」というスローガンを掲げながら、子育てのパートナーとして親密な関係を構築してきた親たちとの間に、「亀裂」のようなものが生じ始めていることを、保育者たちは実感し始めているのです。

たとえば、ある県の保育者研修会でグループ討議をしてもらった時のことです。親

と子どもの現状を話し合ってもらった後で書いてもらった事例報告のほとんどは、親たちとの関係がうまく作れないでいる保育者たちの悩みでした。

「若い母親の対応に困っています。朝、登園の時、子どもはほとんど寝ている状態です。オムツ交換もしておらず、朝食抜きの状態で登園してきます。たまに食べても、お菓子を食べさせて平気な感じです。就寝リズムも一定ではなく、二歳児なのにほとんど十二時過ぎに寝ている状態です」

「小学校四年生の兄と二人兄弟の三歳児です。両親は離婚して母子家庭ですが、母親は夜の仕事のため、朝帰宅してから寝てしまうので、そんな時は園を休みがちです。お腹がすいたのか、他人の家に入り込み、冷蔵庫を開けて盗み食いした事件がおきました。それを知った祖母が、家に引き取って今は面倒を見ているのですが、母親はそれ以来、子どものことを祖母にまかせっきりです。髪は染めており、ミニスカート、腕に刺青のようなものをしています。二歳児の頃から、いろいろと会話をするように努力はしてきたのですが、いつも迷惑そうな表情で、顔も見ず、話したくないように見受けられる。最近、お友達のお母さんが迎えに来たときなど、わざとスカートをめくったり、急にお友達を叩いたりする行為が増えてきました」

こんな感じで保育者たちのレポートは続いていったのですが、これ以外にも「子どもとの関係は楽しいが、親との関係を築くのは難しい、しんどい！」と、たった二行だけ書いてきたグループもあれば、「子どものあやし方がわからない、どうやって遊んだらいいかわからないという親たちがいます」という感じで、子育て能力に欠けた親たちの現実を、苦悩の表現とともに記してくるグループもありました。

いや、何もこの県の保育者たちが特別というわけではありません。今、全国の保育者たちと話していると、まず悩みとして出されてくるのがこうした親たちへの対応なのです。そして私自身、じっさいに深刻なトラブルになったケースの相談を受けたこともありますが、とにかく親たちは「利用者主権」という思想を背景に、保育施設を選択するのは自分たちなのだと、あくまでも強気の姿勢を崩そうとはしないというのです。

もちろん、こうした現実に愚痴を言ってくる保育者たちを批判することはかんたんです。そして、こうやって保育者と「共同」することを拒否しようとする親たちを支えることに現代を生きる保育者の使命があり、現代社会が求める「子育て支援」の課題があるのだといわれれば、それはまさにそのとおりなのだということくらい、保育者たちだって分かりすぎるくらい分かっているのです。

しかしながらそれでも、公的保育を切り捨て、保育条件をどんどん悪化させながら展開していく「市場原理徹底化政策」の流れに、こうした親たちのニーズと気分がぴったりあってしまうから、問題は深刻なのです。そしてこうした中、「公共原理」を前提にしてきた保育・幼児教育制度を「市場原理」に転換していこうとする行政の動きに対して、守旧派の側に保育者が、改革派の側に親たちが位置づく不思議な構造が出来上がってしまった点が問題なのです。つまり、保育の「公共性」にこだわって議論を展開しようとする人たちが、保育者に限定されるようになってしまった点が問題なのです。

●●●●4 「子どもへの責任」を起点に保育・幼児教育制度をデザインする課題

本書は、こうした得体の知れない「不安」と「不満」に覆われ始めている保育界の現実を、経済や政治を中心とした社会全体の動きとの関係で構造的に分析することを通して、新しい時代の保育・幼児教育制度構築の視点を明らかにすることを目的に書かれています。

詳しい内容は本文に譲るしかありませんが、ここでは九〇年代に始まる保育・幼児教育制度改革の動きが、実は「経済と政治の論理」に牽引《けんいん》されながら展開してきた事実に注目して論述しています。

つまり、経済と政治の課題に牽引されて大人の生き方・生活を変化させることが要求され、それに付随する形で保育機能を拡充させることが求められていくという、まさに「玉突き」の発想で保育問題が語られ、政策化されていったということなのです。

問題が深刻なのは、この「玉突き」の議論の最後に乳幼児の問題が登場している、その議論の構造にあります。言い換えれば、乳幼児の豊かな発達を保障するという「乳幼児教育」の課題を常に付随的課題として扱い、「帳尻あわせ」のような議論として保育の問題が語られている点が問題なのです。

そこで本書の中では、これをまったく逆の発想で論じてみることを提案してみました。つまり、すべての議論を「子どもへの責任」を起点に組み直してみようと提案してみたわけです。国はこの時代に、乳幼児の豊かな発達のために、いったいどう「責任」を取ることが求められているのか？　地方自治体はそのためにどんな施策を講じるべきなのか？　保育実践のプロである保育者は、どのような「質」の専門性を発揮しながら「子どもへの責任」を果たしていくのか？　そして親たちは、「子どもへの責任」を果たすためにどのような生き方・生活の仕方をデザインしていこうとしているのかと……。

もちろん、こうして明らかになっていく「子どもへの責任」の構造を、ただ夢物語として語っていけばいいというわけではありません。「子どもへの責任」を起点に、すべての政策を組み直していくためには、さらに新しい議論と運動が必要になってくることは言うまでもないことなのです。

ただしその場合、理想を高く掲げながら議論を構築していくことと、現実の問題に対応していくことを区別しながら統一していく、そんな高度な議論が求められていることを忘れてはなりません。つまり、「遠い見通し」に関わらせて保育・幼児教育制度を語る視点と、「近い見通し」に基づいて目の前の問題に対応していく視点とを、区別しながら頭の中でつなげていくことが重要になってくるのです。

なぜなら、保育の「夢」や「理想」が見えにくくなっている一方で、実際に必要とされている切実な保育課題が肥大化しているのが保育界の現実なのですから。

前者の視点だけだと単なる「夢語り」に終わり、後者の視点だけだとただ「疲労」を蓄積させる結果に終わってしまう危険性があるのです。

本書が、そんな議論を開始していくきっかけになってくれれば幸いです。

著者

第一章　歴史の中の保育・幼児教育制度

●1　戦後改革期における保育制度一元化論

戦後日本の保育・幼児教育が、学校教育法と児童福祉法という二元的法制で出発したことは周知のとおりですが、それでも法制定時には文部・厚生両省の間で、制度一元化に向けた交渉がかなり精力的に展開された事実が記録されています。

たとえばこの時期、戦後学校制度のあるべき形を議論していた教育刷新委員会の委員として活動していた城戸幡太郎氏は、同じく教育刷新委員会委員であった倉橋惣三氏とともに厚生大臣の所を訪問し、「幼児教育の重要性からみて、その義務化と一元化が、是非とも必要」と語り、「厚生省でも、この件を検討してほしい」と訴えたと回想していますし[1]、中央社会事業委員会の場に文部省の中谷千蔵氏が出席し、「満四歳以上のものには教育を重点とした教育施設、満四歳未満の者には愛護を中心としての保護施設で」一元化する案を提案したという記録もあります[2]。

このような形で制度一元化に向けて実際に交渉が展開されていったのは、学校教育法・児童福祉法の法案確定作業が大詰めに入った一九四六年十二月から翌年一月にかけてのことでしたが、これは一九四七年四月の新学制発足を目指していた文部省が、幼保一元化問題に関して厚生省との間で政策調整できる最後のチャンスと認識していたことと無関係ではありません。

そしてこれと同時に重要な問題は、こうした議論の背景でこの時期、教育刷新委員会第十八回総会（一九四七年一月八日）の場で、次のような内容の「建議」を承認していた事実にあります。

幼稚園は学校体系の一部として、それに従って幼稚園令を改正すること。
尚五歳以上の保育を義務制とすることを希望する。

つまりこの時期、教育刷新委員会は幼稚園における五歳児保育の「義務制」を実現する方向で議論を展開していたということなのです。そして当然のことながら文部省としても、そうした方向で法案の最終調整を試みていたということなのですが、興味深いのはこうした文部省の働きかけに対して厚生省側が、否定的に対応した事実です。

たとえばこの時、実際に交渉に当たっていた厚生省の松崎芳伸氏は、教育研修所

（現在の国立教育政策研究所）の三木安正氏と保育一元化問題について議論した時の顛末を、次のように記しています。

保育所と幼稚園の関係について、教育研究所の三木安正氏と議論。就学前児童の教育は幼稚園に一元化すべしというのが三木氏の論。一元化する要なしと答える。（一九四七年一月二日）[3]

もちろん、松崎氏だけがこうした議論を展開していたわけではありません。城戸・倉橋両氏が厚生大臣を訪ねた時の対応も似た感じだったといいますし、こうした対応は厚生省側の考えそのものだったと考えることができるのです。

この時期、児童福祉法の準備をする過程で厚生省は、「児童保護」という旧来の理念から「児童福祉」という新しい理念への脱皮を議論しています。それは日本国憲法の思想を厚生行政の中で具体化することを意味していたのですが、その目玉の施設として保育所が準備されていたのです。

そして、そうした視点から厚生省の側では、幼稚園のような「教育中心主義」では

「家庭の負担を軽くすることはできない」[4]（生江孝之）という考えの下、むしろ「幼稚園と保育所の行政を厚生省に一本化」[5]（副島ハマ）することを要求する声のほうが主流だったのです。[6]

●●2 保育所は労働力再生産を便益ならしめる施設である

いや、何もここで二元的制度を選択した戦後改革の顛末を議論しようというわけではありません。あるいは、制度一元化を阻んだ官庁のセクショナリズムを批判するためにこうした経緯を紹介しているのでもないのです。

それよりも私がここで注目したいのは、この時期に展開された制度改革論の中に、保育・幼児教育制度を論じる基本構図が浮かび上がってくる事実にあります。

たとえば保育制度一元化の動きを拒否した厚生省の松崎氏は、別のところで「保育所の問題だけは、経済政策との関連を断ち切って考えられない分野に属する」[7]と論じていますが、これなどは城戸・倉橋両氏を中心に文部省サイドで展開された、義務教育という形を含む「公教育という形」での制度改革論の対極に位置する議論です。

もっともこの議論は、当時の厚生省の公式見解というよりむしろ、松崎氏の個人的見解と理解すべき性格のものかもしれませんが、それでもそこに書かれた内容は、それから半世紀以上の月日が経過した今日の問題を考えるうえで、きわめて示唆的な内容になっているのです。

ここで松崎氏は、新たに制定された児童福祉法が、未だに「博愛主義的社会事業の一翼として考えられている」現実を批判し、こと保育所に関しては「経済政策」の一環として考えたとき初めて価値あるものになるとして次のような議論を展開しているのです。

それ〔保育所〕は、資本主義経済社会に対する負担としてではなく、その円滑な循環をもたらすための施設である。婦人労働力の過重な負担を解除し、彼女等の労働力再生産を便益ならしめようとするものである。保育所は、かく考えて始めて、現在の国民経済、国家財政の中に確固たる地歩を占めうるのであり、それが単純に「児童」という社会的弱者に対する人道主義的保護と考えられる場合、国民経済と国家財政は、保育所の設置に対して大きな「費用」を感じ、それに対して消極的たらざるをえないであろう。(8)

つまり保育所があるから女性労働力が有効に活用でき、それによって経済発展を実現することができると氏は言うのです。そしてそういう立場に立つことによって初めて、国家が保育所に財政投入することに根拠が与えられるのだと語るのです。

保育所の機能をこのように経済的視点から論じる松崎氏の見解に対しては、保育所を子どものための施設と信じて疑わない人から異論が出されるかもしれません。子どもの発達よりも、「経済」のことを優先させて政策を作るなんて許せないと……。

しかしながら考えてみれば、そもそも「政策」というものはそういうものなのです。かつて教育学者の宗像誠也氏が「教育政策」を「権力によって支持された理念」と表現したことがありますが[9]、まさにそれは保育・幼児教育政策の場合にも当てはまります。ただ保育政策の場合は、子どもの発達保障を第一義に位置づける「子どもの論理」に基づいて構築された理念と、大人の生き方を第一義に考える「大人の論理」に基づく理念のどちらを優先させるかという問題も含めて、かなり複雑な構造を持ちながら理念の選択が行なわれることになるのですが……。

たとえば城戸・倉橋両氏を中心に、当時文部省が展開していた「公教育」として保育制度を発展させる議論は「子どもの論理」に基づく制度改革論として整理することができるでしょう。当然のことながらこれは、すべての乳幼児を対象とした「教育政策」として具体化されることになっていきますし、政策化されれば義務教育諸学校に連動する形で、財政的保障を含んで政策が立案されることになっていくのです。(「教育政策」として展開される保育社会化論)

これに対して松崎氏の議論は、経済政策・労働(力)政策に関連させて保育制度を位置づけようとするものです。こうした立場からは、「経済政策」「労働(力)政策」「女性政策」「家族政策」といった大人たちの生き方を規定する政策に連動する形で保育政策が作成されるわけですから、それを純粋に「教育政策」として位置づけることはできません。つまり、「労働(力)政策」を始めとする「大人の論理」を第一義に位置づけていこうとするのがこの立場なのです。(「経済・労働政策」として展開される保育社会化論)

もちろんこの二つとは別にもう一つ、母子・父子家庭や貧困家庭救済を目的とする「福祉政策」としての保育制度論が存在することは言うまでもありません。日本国憲法第二十五条の精神を具体化するものと考えることができるのですが、これはあくまでも「保育を必要とする」一部の子どもの問題が中心で、すべての乳幼児を対象とする理念とはなりません。(「福祉政策」として展開される保育社会化論)

がいずれにしても、こうした形で三つの政策理念が提示されたのが戦後改革期だったのです。もっともその後の展開過程で実際には、「『福祉政策』として展開される保育社会化論」以外の二つの理念は、積極的に政策化されることなく一九八〇年代後半まで推移していくことになるのですが……。

●●●3 戦後保育・幼児教育制度改革の構図と実際

もちろん幼稚園にしても保育所にしても、その後量的な拡大は達成し、ほとんどの子どもたちが何らかの形で社会的保育を受けて小学校に行くようになってきたわけですから、行政がまったく無策だったというわけではありません。そしてこの半世紀余りの歴史の中で、幼稚園や保育所のない乳幼児の子育てなど考えることができないという所まで普及・拡大していることもたしかな事実なのです。

しかしながらそれは、政策として積極的に展開されたものというよりむしろ、高まる国民の要求に押されながら政策化を繰り返してきた結果、作り出されてきたものだったのです。

たとえば城戸・倉橋両氏を中心に展開されていった幼稚園（五歳児）義務化の問題にしても、その後たしかに中央教育審議会で「幼児学校」構想として取り上げられたことはありましたが、これもいつのまにか課題から消えていました。いや義務化とまでいかなくても、せめて「公教育としての幼稚園」を拡大する政策が出てくるかと思っていると、これもすべて地方任せ・国民任せで展開していき、幼稚園就園率一つとってみても、沖縄県の八二・六パーセントを最高に長野県の二四・七パーセントまで、その値は全国バラバラな状態で推移してきたのです。

またこうした中、公立幼稚園未設置の自治体も数多く存在していますし、三歳児でも一クラスの定員が三十五人という、世界でも例を見ない劣悪な「設置基準」を依然として国は放置したままなのです。

いや、問題はそれだけではありません。私立幼稚園を安定的に経営しようとすれば、園児数二百五十名を必要とすると言われていますし、経営者たちの努力にもかかわらず、私立幼稚園の授業料は全国平均で年額二十四万円を超えているのが現実なのです。

しかもそれに対して教職員の待遇は、教員資格を持った専門職としては最低のレベルに位置していて、私立幼稚園に十年勤務して全国平均給与月額二十一万円余りという劣悪な条件のまま放置されてきたのが幼稚園の現実だったのです。

こうした現実の背景には、公立幼稚園の国庫補助はすべて「一般財源」に組み込み、私立幼稚園の場合は親と園との「直接契約関係」を基礎に、「高等学校等私立学校助成金」で経常費補助をしていく財政システムの存在があります。つまり、乳幼児の健やかな発達を保障するために幼稚園の義務化・公教育化を促進するという理念は、少なくとも国の財政政策に反映されないまま半世紀の月日が経過してきたということなのです。

さてそれでは、保育所の場合はどうだったのでしょうか。松崎氏が言ったように戦後日本社会は保育所を経済の「円滑な循環をもたらす施設」として位置づけ、そうした視点から積極的施策を講じようとしたのでしょうか。

答えはもちろん、ノーです。周知のとおり、戦後日本社会は松崎氏が語った方向とはまったく逆のベクトルで労働力政策・女性政策・家族政策を展開していったのです。そしてそれゆえに、保育所は「保育に欠けた子」を限定的に保育する「福祉施設」として位置づけられたものの、すべての子どもを対象とした施設として発展させるという積極的施策を講じられることなく一九八〇年代の終わりまで推移したといって間違いないのです。

じっさいに戦後日本社会は、第一次産業中心の社会から第二次産業中心の社会へと移行していく高度経済成長期に、男性を勤労労働者の中心に据える「男性稼ぎ主」型社会を選択していきました。そしてそれを具体化するシステムとして、男性に終身雇用制度と年功序列賃金制という二つの制度を保障していく一方で、女性には専業主婦という生き方を奨励する政策を取ってきたのです。

当然のことながらこうした労働力政策・女性政策・家族政策の下で、女性たちの就業を保障するために保育所を拡充し、そこに財政を投入するといった方針が出てくるはずはありません。いやそれどころか、一九六三年に中央児童福祉審議会保育制度特別分科会が出した「中間報告」の中には、「条件が同じであれば、健全で、愛情深い母親が、子どもの第一の保育適格者」であると明確に書かれ、「二〜三歳以下の乳幼児においては、まず家庭において保育することが原則でなければならない」と家庭保育重視の視点を前面に打ち出していったくらいなのです。

つまり戦後日本社会は、大人の生き方として「性別役割分業」型社会を打ち出し、そこにおける子育ての形を「家庭保育重視」型モデルで描き出していったのです。そしてそうした理念を補完するために用意された「三歳児神話」「母性神話」というイデオロギーの普及によって、乳児保育・長時間保育の拡充を求める親たちの要求は、政策的に封じ込められることになっていったのでした。

●●●●4 「運動」と「行政」との相克関係の中で

さてそれではこうした行政の動きを親たちは、ただただ甘受するのみだったのかというと、けっしてそんなことはありませんでした。働くことと子育てとの両立を求める親たちは、「行政」の無策・無理解に対して「運動」を組織する形で対抗していったのです。そして「運動」の力で、社会の価値観を変えていこうとしたのです。

たとえばこの時期、名古屋市における「ゼロ歳児保育」「長時間保育」の草分けともなった池内共同保育所の存続をめぐって「交渉」を展開した親たちと市側のやり取りを、親の一人であった佐藤貴美子さんは次のように記していますが、こうした対立の図式は、名古屋市のみならず全国至る所で発生していた現実だったのです。

「そのとき記録した市の児童課長のことばを、わたしたち池内の母親は肝に銘じた。温顔の課長は諭すように言ったのである。

『勝手に子どもをつくっておいて、市で面倒をみろといっても、すじ違いですよ』

『たとえ経済的な理由があろうと、子どものためを考えて母親が育てるべきです。八時間も母親の愛から離していれば、不良になる可能性は大きいですよ』

児童課長のことばに、わたしたちはひそかに決心をした。

――よろしい。個性豊かな子どもに育て上げてみ返してやろう、と[10]」

おそらく当時の状況を考えてみれば、この課長が特別な意見の持ち主だったというわけではなかったのだと思います。いやむしろ、ここで課長氏の語ったこの言葉のほうがこの時代の常識だったと考えるべきなのでしょう。まだ首も座らない産休明けのゼロ歳児を保育園で集団保育することなど、考えることすらできなかったのが、この時代だったのです。

ところが親たちは、こうした世間の常識を、「運動」を通して変えていこうとしたのです。じっさい一九六〇年代から七〇年代半ばにかけての高度経済成長期には、「ポストの数ほど保育所を」というスローガンとともに、全国で保育所設立運動が展開されていきましたし、そうした運動を通して親たちは、「性別役割分業」型社会の対抗概念として、共働きを基礎にした「男女共同」型社会の構築を要求し、「家庭保育重視」型子育てモデルの一面的強調に対して「集団保育基調」型子育てモデルを提示していくようになっていったのでした。そしてそうした運動が、けっきょくは地方自治体を動かしていくことになっていったのです。

つまり「運動」が「行政」を動かし、「運動」が「制度」を生み出していったという点でこの時期は、日本の保育制度発展史において画期的な意味をもった時期だったのです。

もっとも、たとえ運動が活発に展開され、「運動」に地方自治体の「政策」が引っ張られていったとしても、国の保育理念がそれに対応してすっかり変更されたわけではありませんでした。国は「性別役割分業」型社会の理念も「家庭保育重視」型子育てモデルも、けっして修正しようとはしなかったのです。もちろん、運動の高まりと地方自治体の変化の中で、政策を微調整することは忘れませんでしたが……。

一方、幼稚園は幼稚園で、子育ての困難を訴える親たちへの対応を課題として自覚するようになってきました。あるいは都市部を中心に高まりを見せた幼児教育要求に応える必要性を、幼児教育の課題として自覚するようになってきました。

こうした中、文部省は一九六四年に第一次「幼稚園教育振興計画」(七ヵ年)を、そして一九七二年に第二次「幼稚園教育振興計画」(十ヵ年)を策定し、幼稚園の普及に向けて予算をつけていったのでした。

じっさい、こうした施策の中で都市部における幼稚園設置率は上昇し、四歳児・五歳児の幼稚園就園率も上昇していったのですが、園と親との直接契約関係を基礎に展開された「幼稚園教育振興計画」が、けっきょくのところ園児獲得合戦を繰り広げる幼稚園同士の競争を激化させる結果につながっていったことも事実だったのです。

しかしながらそれでもこの時期の幼稚園行政は、「性別役割分業」型社会の理念とも「家庭保育重視」型子育てモデルとも矛盾しないで、国の労働(力)政策・女性政策・家族政策と絡み合いながら、積極的に政策を提示することができたのはたしかな事実だったのです。しかも高度経済成長を達成している中ですから、国家財政も親た

図１　高度経済成長期(1960-1975年)における保育理念パラダイム

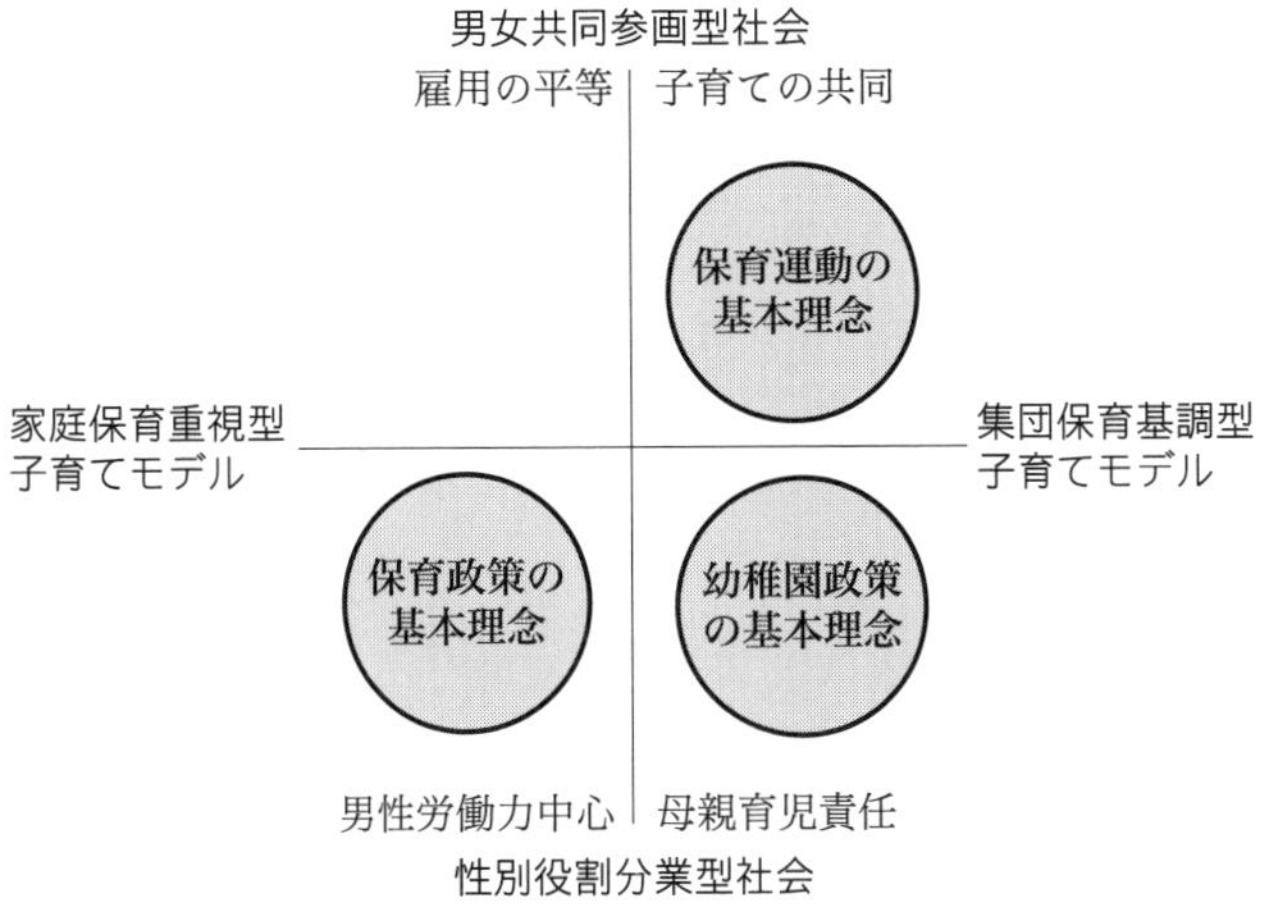

ちの経済力も比較的安定していたため、私学助成と市場原理を組み合わせたシステムの中で、幼稚園は量的な拡大を達成していくことができたのでした。

こうした形で展開してきた高度経済成長時代の関係を整理したのが図１です。「性別役割分業」型社会と「家庭保育重視」型子育てモデルを基礎に展開される国の政策に対して、保育所のほうは「運動」と「政策」との間で作られた「対立の構造」の中で、幼稚園のほうは親たちの間に広がる幼児教育要求に対して、大きな矛盾なく政策展開していった関係がここには表現されています。

さて高度経済成長期に続く構造的不況期（一九七五―九〇年）ですが、この時期も基本的には同じ構造をもちながら十五年の月日が経過したと考えられます。

もっともご存知のとおりこの時期は、不況下の財政難という形で、社会的公共施策にとっては最悪の状況が続いた時期でした。つまり、「行政改革」という言葉とともに大幅な財政削減が断行された時期だったわけで、そうした流れの中、それまで積極的に展開しかけていた幼稚園の「幼児教育振興計画」はストップし、それまで「保育所必要悪論」を展開してきた保育所のほうは、「運動」をはるかに上回る勢いで「集団保育抑制政策」を展開していくことになるのです。

そしてその結果、「運動」優位に展開していた保育運動と保育行政の関係は「行政」優位に逆転し、幼児教育政策も消極政策に逆戻りしていくことになるのです。要求しても、運動しても変わらない、まさに保育・幼児教育制度にとって「冬の時代」の到来と表現できるかもしれません。

ところがこうした保育・幼児教育制度の構図が、一九九〇年代に入る頃から急速に変化してくるのです。しかも部分的にというよりむしろ、構造そのものの変容を予感させるようなドラスティックな変化が……。

●●●●●5 ポスト工業化社会の保育・幼児教育制度論

もちろんその変化は、「突然」やってきたわけではありません。女性の大学・短大進学率が向上し、職場進出が進む一方で、合計特殊出生率が「人口置換水準」と言われる二・〇八を下回り始める一九七〇年代半ばにはすでに、新しい社会の到来が予測され、それに向けて準備を始める必要性が語られていたのは事実です。

しかしながらこの時期、ヨーロッパ諸国が「福祉社会」を目指してインフラ整備を始めているのを横目に、子育てと老人の世話を専業主婦に押しつける「日本型福祉国家論」と、緊縮財政で我慢を強いる「行政改革」の二本立てで急場をしのぐ戦略をとっていたのが日本という国だったのです。

その後、こんな小手先の改革ではどうしようもなくなったと自覚しかけた頃にこの国はバブル経済に遭遇し、そしていわゆる「失われた十年」を経て現在に至るわけですが、そんな中、保育・幼児教育を支配する構造そのものを変化させる動きが表面化してくるのが、一九九〇年代に入る頃だったのです。

たとえば、一九八九年には厚生大臣の私的諮問機関として「これからの家庭と子育てに関する懇談会」が組織されますが、同会が翌年の一月にまとめた報告書の中には、子育てに関する各種施策を「『子育ての男女共同化』が可能となるように支援するという観点から進めていくことが重要」だと指摘され、「女性の就労と出産・子育ての両立を支援するための施策の充実」が提言されています。

あるいは「これからの保育所懇談会」の場合は一九九三年にまとめた報告書の中で、保育所の使命を「仕事と子育ての両立支援」と明確に位置づけるとともに、「子育ての負担を社会全体で支援していくことが課題である」と述べ、「男女共同参画社会の形成」に向けて社会の価値観を変えていく必要性を提言したのでした。

もっとも誤解してはいけませんが、一九九〇年という年を境に、すべてがドラスティックに変わっていったというわけではありません。

というよりむしろ、一九九〇年の段階ではこうした大きな変化が保育・幼児教育界に訪れると予測していた人のほうが稀だったというのが正直な感覚なのだろうと私は思っています。

じっさい、保育者たちはこの当時、実践の基盤を構成する保育制度の行方などほとんど眼中になく、「子ども中心主義」の立場に大きく軌道修正したと言われた幼稚園教育要領・保育所保育指針改訂問題に興味と関心のほとんどを費やしていたのが現実だったのです。

しかしながらそれでも九〇年代の半ば頃になると、たしかに何かが変わり始めているという感じが保育界を覆い始めてくるのですが、この変化の意味が正確に理解できないまま時間だけが経過し、やがて世紀末から世紀転換期の段階になってやっと、事の重大さに気づき始めたというのが、むしろ正直な感覚なのだと思います。

そしてこの点に関して言えば、九〇年代に始まる保育・幼児教育制度改革の背後で展開された労働力再編政策も、あるいは「三位一体改革」というスローガンとともに展開された構造改革の流れも、実は似た感じで推移してきているというのが現実なのです。

もちろん、問題そのものはすでに七〇年代後半に入る頃から自覚されていました。しかしながら「性別役割分業」型社会から「男女共同参画」型社会へと軌道修正することを社会全体で問うたわけでもなければ、家族のありかたに関して大きな政策変更が提案されたというわけでもないのです。

おそらくほとんどの人が、気づいたらここに来ていたという感じで二一世紀の今を迎えているというのが現実だと思います。そしてこれからどこへ行くのかと問われても、未来の姿を容易には描けないという閉塞感の中で、「矛盾」だけ拡大させながら生きているというのも現実なのでしょう。

しかしながら見落としてならない重要な問題は、こうした一連の改革が、たんに誰かの思いつきや気まぐれで展開されているのでもなければ、その場凌ぎの政策として展開されているわけでもないという事実にあります。そうした改革を引っ張っているのは、二〇世紀の経済発展を支えてきた工業化社会の社会構造を、ポスト工業化社会にふさわしい社会構造に変えていくという、政治・経済の根幹を揺るがすような改革の流れにあるのです。つまりそういう意味で九〇年代以降展開された保育制度改革の流れは、「ポスト工業化社会の保育制度改革」と特徴づけることができるのです。そしてこうした動きに連動した改革であるが故に、行政としてもかなり本気で制度改革を進めつつあるということなのです。

じっさい、一九九〇年代以降の日本の保育所は、そうやって進められてきた保育制度改革を通して、十一時間開所を前提に延長・夜間・二十四時間保育を実施することが求められ、乳児保育の拡充・整備、病児・病後保育の実施、休祭日保育の実施と、これまで否定的に論じられることの多かった例外的な集団保育の形を、基本的な機能として抱え込む所まで変化させられてきました。あるいは一時的保育事業を含む多様な子育て支援事業が提案され、それまでの「家庭保育重視」型子育てモデルから「集団保育基調」型子育てモデルへと、子育ての姿も一気に転換することが求められてきたのです。

いや、保育所だけではありません。たしかにそれは最初、幼稚園というよりむしろ保育所を中心に政策化されていったのですが、やがて幼稚園のほうも「預かり保育」という形で長時間幼稚園保育の形が志向されるようになり、そして懸案だった幼保一元化・一体化の課題まで、具体的政策課題として浮上するようになってきたのでした。

つまり九〇年代に始まる制度改革の中で、大人の生き方に関して「性別役割分業」型社会から「男女共同参画」型社会へと価値観の転換が図られていったのに対応する形で、乳幼児の子育てについては「家庭保育重視」型子育てモデルから「集団保育基調」型子育てモデルへの転換が求められるようになってきたのです。そしてそうした

図２　世紀転換期(1990年〜現在)における保育理念パラダイム

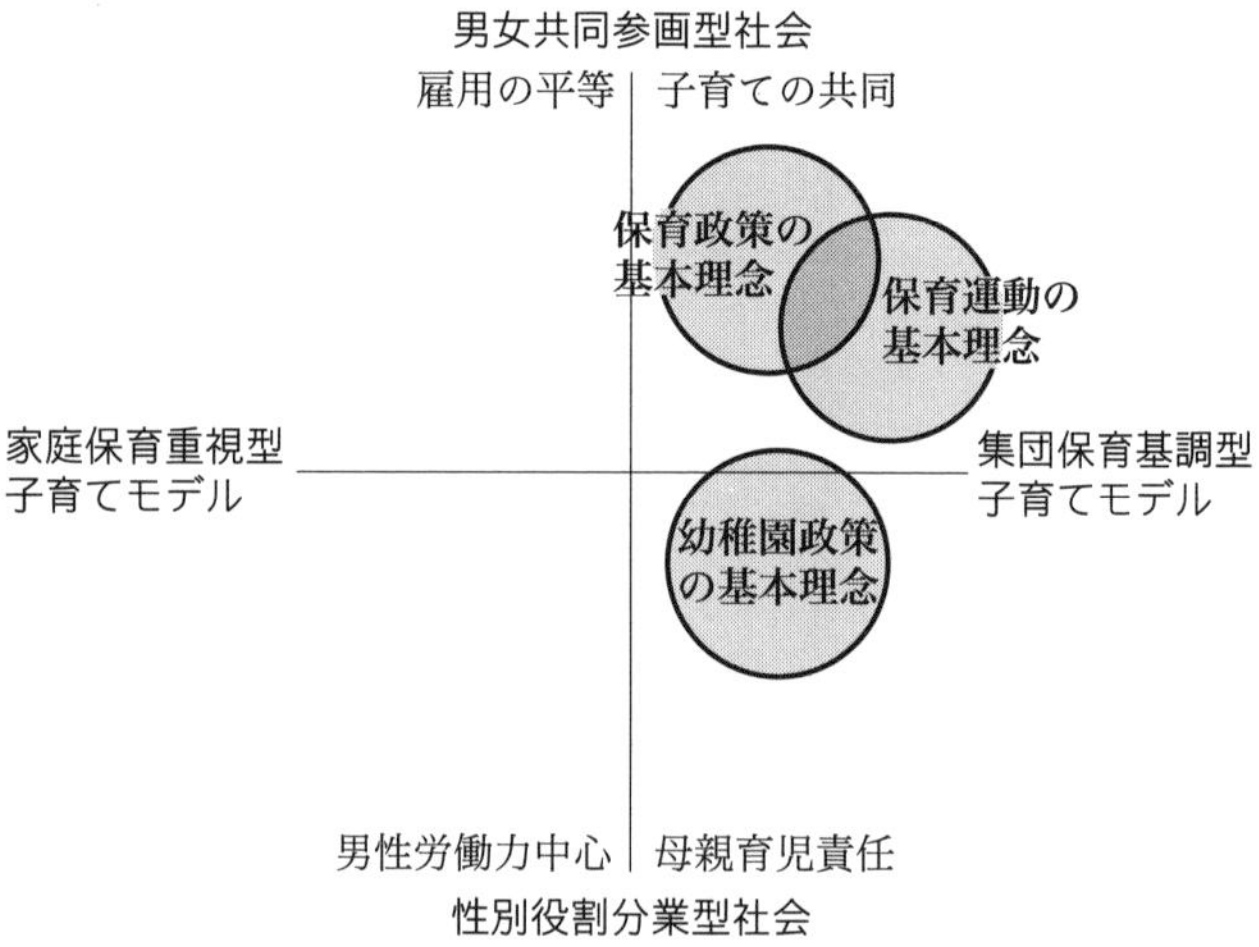

「保育社会化」の流れを、まさに行政主導で推進しようとしてきたのが、一九九〇年代以降の保育・幼児教育制度改革の特徴だったということなのです（図２）。

重要な問題はこうした改革を通して、それまで対極に位置していた「保育政策の基本理念」と「保育運動の基本理念」とが、かなり接近した場所に位置づくようになった点にあります。つまり、両者の間に存在した理念上の対立・差異は、少なくとも表面的には解消しつつあると考えられるのです。

図３はこうした変化の構造を整

図３　高度経済成長期から世紀転換期への保育理念パラダイムの転換

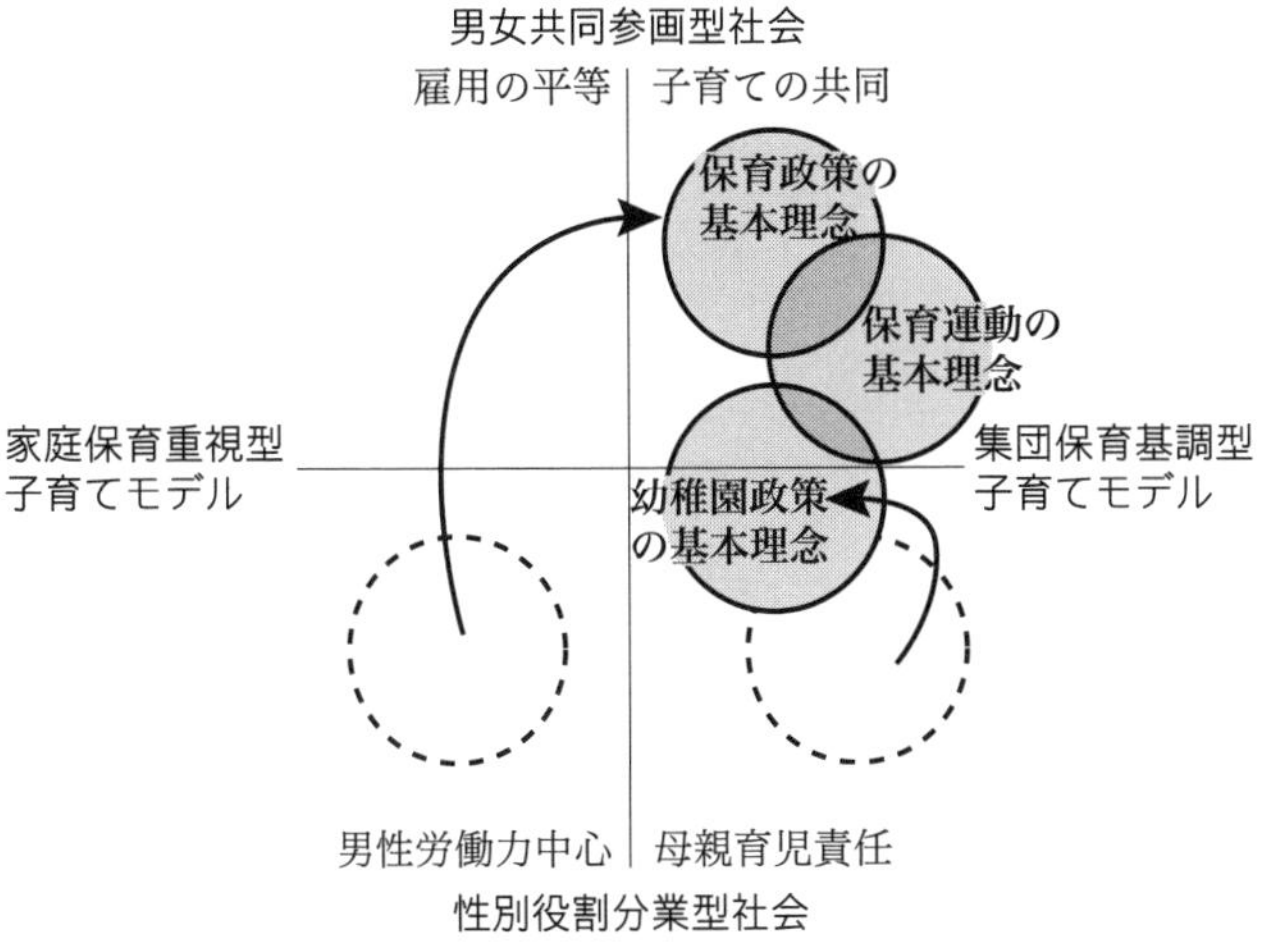

理したものですが、ここまでドラスティックな形で変化を要求した真の要因を、私たちはいったいどのように考えればいいのでしょうか。

解き明かされるべき最初の課題は、まさにこの点にあるといえます。

第二章

経済・労働システムの転換と保育・幼児教育制度改革

●1 保育機能拡充政策は少子化対策として展開されたのか

一九九〇年代に入る頃から、国を挙げて保育社会化政策がとられるようになっていった真の要因を、いったい私たちはどのように考えればいいのか。この章の課題は、まさにこの点にあるといえます。

たとえばそれは、一般的には少子化対策の一環として政策化されたものだと説明されてきました。いわゆる一九八九年の一・五七ショックを皮切りに、少子化対策推進閣僚会議の設置を経て（一九九八年）、「少子化社会対策基本法」（二〇〇三年）制定に至る経過は、まさに少子化対策の一環として保育機能拡充政策が展開されてきたことの証左でもあります。

もちろん私としても、おそらくこうした議論に間違いはないし、国がこの少子化対策をかなり大きな政策課題として位置づけていることは事実なのだろうと思っています。そしてそれを具体化する中心的な施策の一つとして、保育機能の拡充という課題が認識されていることも、そのとおりなのだろうと思います。

しかしながらそれでは、ただたんに少子化対策という位置づけから、保育機能拡充政策へと保育政策の政策転換が図られていったのかというと、それはやはり違うように思えるのです。いや「違う」というよりむしろ、問題をもっと構造的に捉えないかぎり、ことの本質を理解することはできないように考えているのです。

理由は大きく言って三つあります。

まず第一の理由ですが、それは何といっても、問題が少子化対策にあり、親たちが子どもを産むことを促進するだけならむしろ、それまで国がこだわってきた、「性別役割分業」型社会と「家庭保育重視」型社会とを目指す政策のほうが現実的な感じがする点にあります。わざわざ「働きながら子育て」することを奨励するよりも、子どもを産み、育てることに専念する人たちを支える政策を出したほうが、実効性の点でも、財政的な点でも筋が通るというものなのです。

ところが国は、そうした過去の考え方を払拭し、あえて「男女共同参画」型社会と「集団保育基調」型社会といったイメージとともに保育機能拡充政策を提示してきたわけです。とするならそこには、子どもが増えれば良いといった単純な「人口政策」としての少子化対策とは違った論理が存在していると考えるのが順当な考え方だと私

図４　出生数・合計特殊出生率の推移

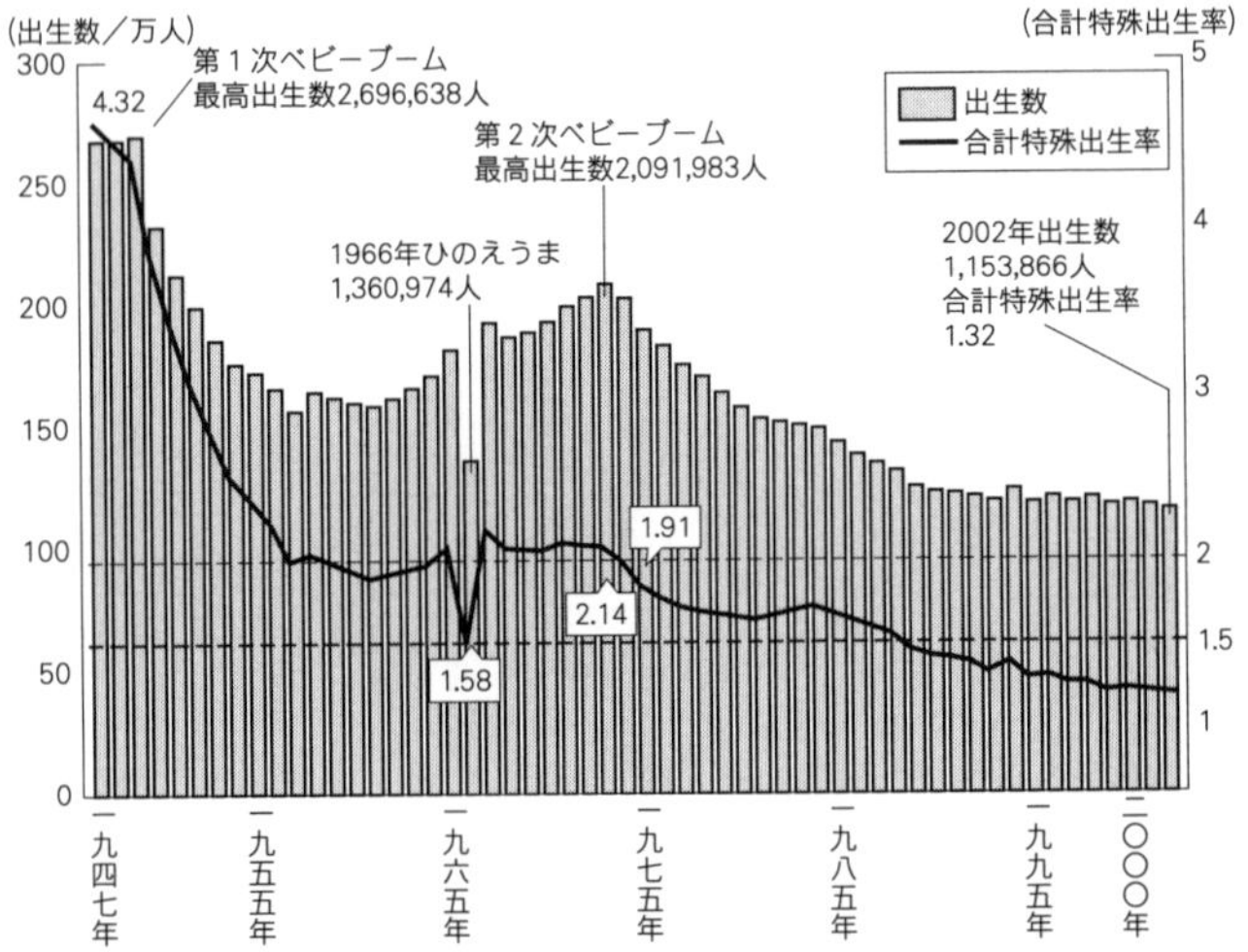

〔出所〕厚生労働省「人口動態統計」より作成

は思います。

そして二つ目の理由ですが、それは少子化対策と保育機能拡充の議論が絡みあってくる時期にあります。

たとえば一・五七ショックというのは、一九九〇年の人口動態調査で、合計特殊出生率が戦後最低となった一九六六年の統計よりもさらに統計値が下がったことに端を発する諸々の議論を言うのですが、合計特殊出生率が二を下回るのは一九七〇年代半ばのことだったのです（図4参照）。そして同じ時期に、少子化の問題は世界中で話題になり、ヨーロッパ諸国では来るべき少子社会の到来を意識して「福祉国家」という国家像を具体的に描き出しているのです。

ところがこの時期、こうしたヨーロッパにおける議論を十分承知しながらも、いわゆる「日本型福祉国家論」という独特な立場にこだわってきたのが日本だったわけです。だから一・五七という数字が出てくる九〇年代に急に少子化問題が出されてくる背景には、もう少し構造的な問題が存在していたと考えるべきなのだろうと私には思えて仕方ないのです。

そして第三の理由ですが、それは保育政策を規定してきた多様な要因に対して、「人口政策」とでも言うべき少子化対策がもつ比重がそんなに大きいとはどうしても考えられないことにあります。

考えてみれば保育政策は、教育政策、家族政策、女性（ジェンダー）政策、労働（力）政策といった社会の根幹を形成する多様な政策を絡み合わせながら展開されてきました。

つまり、人がどのように働き、家族を構成し、次の世代を育てていくかといった視点から、いわゆる「性別役割分業」型社会が選択され、「家庭保育重視」型社会が選択されてきたわけです。そしてそれらの政策は、「男性稼ぎ主」型社会という、日本経済の根幹を規定する労働力政策と対の形で形成された政策が保育政策だったのです。

たとえば、こうした経緯で高度経済成長期に作られた「専業主婦」といわれる女性の生き方も、そうした女性の生き方を一般化する意味で大きな役割を果たした「三歳児神話」「母性神話」といったイデオロギーも、「専業主婦」という生き方を普及するために多様な形で施策化された専業主婦優遇政策も、あるいはこれらの施策とセットで展開された「保育所必要悪」論と「保育所抑制」政策も、社会の根幹を形成する、かなり強固なイデオロギーとして作り出されたものだったのです。

こうした政策のすべてが、いわゆる「人口政策」として展開される少子化対策を引き金に根本から転換させられていくということは、やはりどう考えてもスッキリしないのです。

2　保育・幼児教育制度改革を規定した経済・労働政策

さてそれでは、一九九〇年代に入る頃から急速に進められた保育機能拡充政策を牽引していったものはいったい何だったと考えるべきなのでしょうか。

実はこの背景には、本家本元の労働力政策そのものを転換する必要性が存在していた事実があると私自身は考えています。

つまり、一九八〇年代に始まる「構造改革期」と呼ばれるこの時期は、政治・行政の世界では「規制緩和、民営化、行政改革を合言葉に」しながら「戦後改革の総決算」が叫ばれた時期だったのですが、同時に経済の世界でも経済のグローバル化に対応する形で、戦後作ってきた雇用・労働システムの一大転換が求められた時期だったのです。そしてそこで転換が求められた雇用・労働システムこそが、男性労働者を中心に確立してきた終身雇用制度と年功序列賃金制だったのです。

終身雇用制度・年功序列賃金制度というのは、会社で社員を一生雇って、五十代で一番高い賃金をもらうシステムのことを言います。これは働いている男性労働者の賃金で、家族全体の生計をまかなうことを前提としたシステムだったわけですが、過去において有効に機能していったこのシステムが逆に、経済発展の大きな足かせになりつつあることに気づき始めてきたのです。

たとえば経済が地球規模で行なわれるようになってくると、日本以上に安い労働力を使って商品を売り出してくる国が出てきます。こうした国々と競争しようとすると、当然のことながら多様な形態の有期雇用システムを採用しながら、給与の総額が高騰しないシステムを確立する必要が企業の側にでてくるわけです。

また、多国籍企業という経営の形が広がってくると、能力とは無関係に年功序列で賃金が上がっていく日本型雇用システムの不合理さが、企業内部からも指摘されるようになってきます。

あるいはこれだけ技術革新が激しい時代に、経験だけを評価の対象にすることができなくなってきたことも事実です。コンピューターが一、二年でどんどん変わっていくような時代に、その変化のスピードについていけない人を多数抱えた企業は、これはもう企業として成立しなくなってくるのです。しかもその人たちが企業を代表する高給取りだときたら、そうした人たちの一人を辞めさせたら、二人若い労働者が雇えるという計算が働くのもたしかに理解できるというものなのです。

そしてそこに、少子化問題が絡んでくるわけです。少子化の進展は少子高齢化社会の進展を意味しているわけですが、それは企業内部で五十代から六十代の人口が膨張することを意味しています。すると企業人口のかなりの数を占めるこの層の給与支出を抑えないかぎり、企業の発展は不可能ということになってくるのです。したがって、五十代から六十代の人を手厚く待遇する企業は、その世代を抱えこむことによってつぶれていく。それでリストラという名の下に首切りが始められていったのですが、実はそうしながら賃金の平準化が着々と準備されていっているのが現実なのです。

じっさい、こうした動きについては「年功制・能力主義から成果主義賃金への移行は予想以上の速度で広まりつつある」という木下武男氏の指摘(1)がありますが、大企業を中心にかなり早いスピードでこうした動きが進められつつある感じなのです。

たとえば二〇〇三年十一月六日の『朝日新聞』には、「日立、定昇を全廃」という見出しとともに、日立製作所が「能力主義の賃金制度に全面的に移行する」ことを決定したニュースが紹介されていましたが、そこにはトヨタ自動車や日産自動車が同様の措置を検討中と紹介されるとともに、最近能力給に移行した企業が表1のとおり紹介されていました。

いや、問題はそれだけではありません。

少子化が進展すれば子どもの数が減り、その結果、若年労働者の減少問題が生じてくることになります。すでに九五年頃から生産労働人口(十五歳から六十四歳までの

表1　主な定期昇給(相当分)見直し企業

企業名	実施機関	見直し内容
三越	96年11月	年齢給を廃止し、職能給に一本化
キヤノン	02年4月	制度上の定昇は廃止 ただし32歳までの「経験昇級」あり
ホンダ	03年10月	入社年次の若い社員以外の定昇廃止
セイコーエプソン	03年4月	中間管理職以上の定昇廃止
三菱自動車	03年4月	定昇を全廃し、成果型賃金に移行
中部電力	03年4月	全社員を対象に定昇を廃止
武田薬品工業	03年6月	定昇を全廃、完全成果主義に移行

〔出所〕2003年『朝日新聞』11月6日朝刊

労働可能人口）は減少し始めたといわれていますが、子どもの数が減り、高学歴化が進み、若年労働者の数が減少してくると、結果的に労働力人口（働く意思のある人の数）が減少することになっていき、西暦二〇五〇年の段階で労働力人口は現在に比べて千八百万人近く減少するという推計もあるくらいなのです。

つまり、現在の労働者数を維持していこうとすれば、労働力の補充をどこかでする必要が生じてくるわけで、それを子ども数の増加という形で対応しようというのが「少子化対策」ということになるのです。

しかしながらよく考えてみてください。今年産まれた子どもが青年になる頃、すでに労働者不足は深刻になっているのです。たとえ人口政

図5　今後の労働力人口確保のイメージ

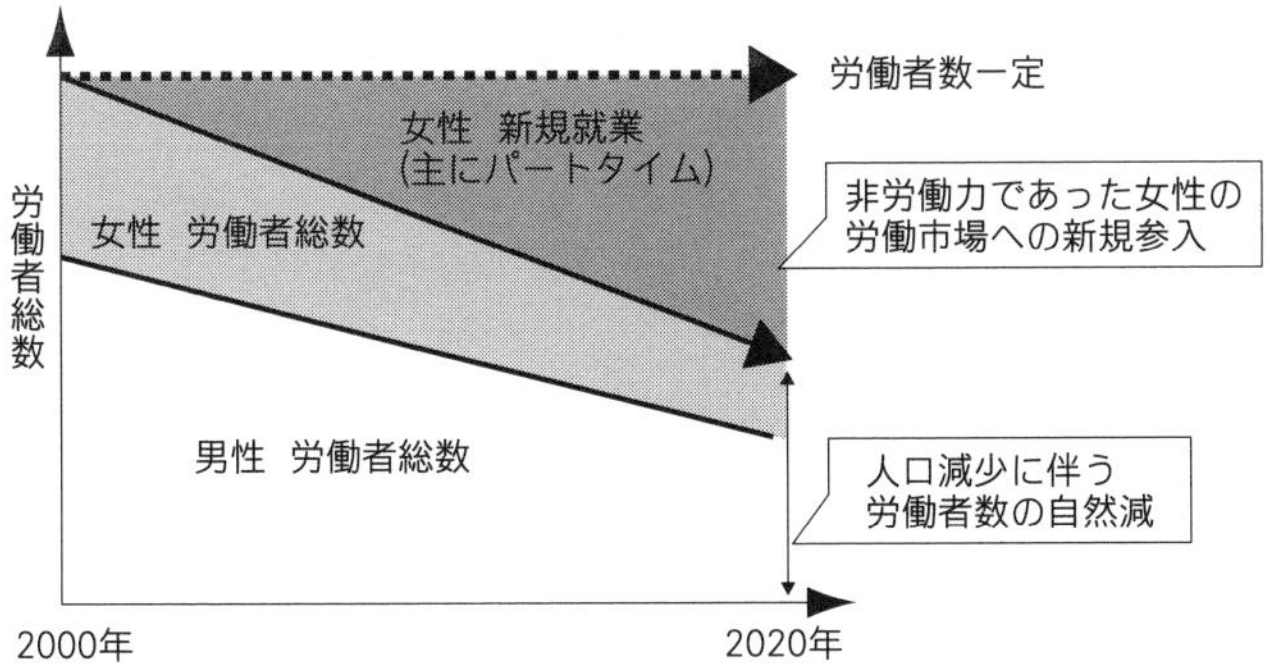

〔出所〕野村総合研究所　NewsLetter vol.7 2003.3.20

策として展開される少子化対策が成功したとしても、二十年後には間に合わないのが現実なのです。すると誰が考えても、残された労働力の原資は女性以外に存在しないということになってくるのです。

たとえば図5は、野村総研がまとめた将来の就業構造予測です。これを見て分かるように、女性労働力の活用で現状レベルの労働者数を維持することが実際に可能になってくるのです。そしてそうやって、女性を労働市場に引き出していくことで当面の労働力人口の問題に答えながら、さらに「働きながら子育てできる」状況を整備することで未来の労働力人口不足にも応えていく……。まさにこうした文脈の中で保育制度改革が進められてきたということなのです。

●●●3 世界的に進展する「労働力の女性化」と保育制度改革

もちろん、この時期に女性労働力の活用が企図されたのには、これ以外にも理由があります。

たとえばそれは、世界的規模で進行する「労働力女性化」の流れの中に、日本も本格的に入ってきたという事実に起因しています。第一次産業から第二次産業へと労働の中心が移行する際、どの国でも男性優位の就業構造が作られていきました。しかしながら第二次産業が行き詰まり、福祉部門・サービス部門を中心とした第三次産業が労働の中心に位置するようになってくると、労働に対する男性の優位性が薄れてくるだけでなく、逆に女性優位の労働市場が拡大してくる傾向があるのです。

経済学者の神野直彦氏は、この点について次のように語っています。

「重化学工業を機軸とする『二〇世紀システム』は、女性が男性化しなければ、有償労働に参加することができないシステムを形成してきたといってよい。人間の社会は、それぞれの掛けがえのない人間が能力を発揮することを必要としている。女性が女性として、男性が男性としての能力を発揮する相互補完的関係こそが必要なはずである。

ところが、重化学工業を機軸とする『二〇世紀システム』が転機を迎えると、女性の能力を必要とする有償労働が増大していく。日本でも一九八〇年代になると、女子雇用者の比率の上昇にみられるように、『労働力の女性化』が進んでいく。しかし、『労働力の女性化』は社会システムにおける人間と人間との触れ合いを無償労働で支えてきた担い手が激減していくことを意味する[2]」

神野氏のこうした議論の前提には、「大量生産・大量消費」型の社会から「多品種少量生産」型の社会へと移行する際、生産部門においても流通部門においても、これまで「女性的」と考えられてきた産業部門が拡大するという認識が存在しています。そしてそうした社会を存続させるための条件として、あと一つ拡大することが求められている労働部門に福祉、教育、医療といった「対人社会サービス」部門があり、これも旧来の考え方に基づけば「女性のほうに労働適正あり」と考えられてきた分野な

図6　スウェーデンにおける市町村の職員構成

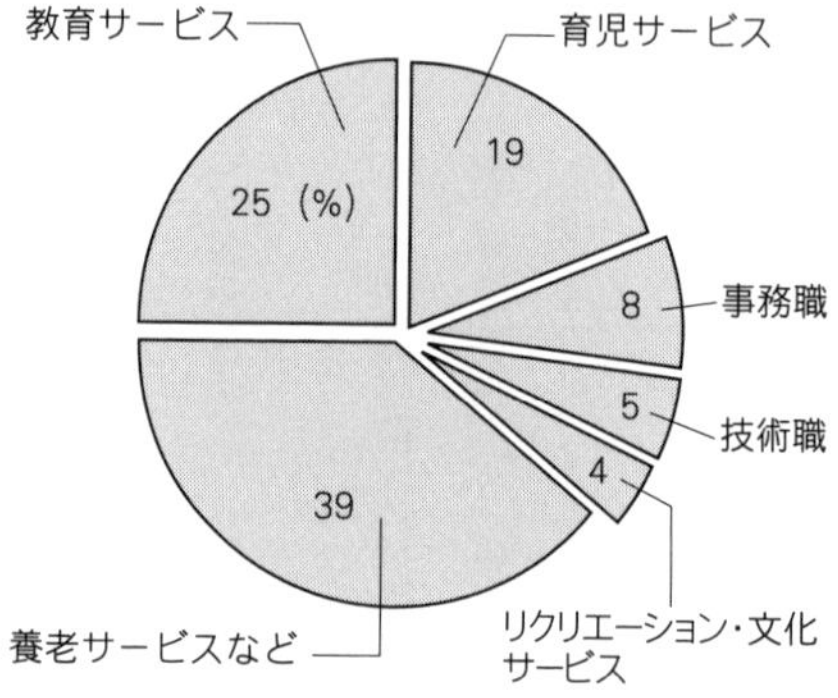

〔出所〕神野直彦『「希望の島」への改革』（日本放送出版協会、2001年、p.127）

のでした。

もっともヨーロッパでは、こうした「労働力の女性化」は「経済システムの情報化・知識化と結びつきながら、公務労働の増加に牽引されていった」というのですが、日本においては一九八〇年代の終わり頃まで、「公務雇用者に占める女性雇用者の増加と結び」つけて「労働力の女性化」を促進する政策はとられなかったのがじっさいの姿でした。

たとえばこの点に関連して神野氏は、スウェーデンでは就業人口の一九パーセントが市町村職員であり、さらにその一九パーセントが育児サービス（child care）に関わっている事実を示していますが[3]（図6）、日本の場合は他の国が「労働力の女性化」

を積極的に進めている間もかたくななまでに「専業主婦優遇政策」にこだわり、「三歳児神話」「母性神話」をふりまきながら、「日本型福祉国家」を支えるシステムとして女性のＭ字型就業構造を維持する政策にこだわっていたのです。

さてこのようにして、「遅れてやってきた国」日本が、それでも九〇年代に入る頃になると、「子育てと就労の両立支援」を政策課題に掲げ、親たちが「利用しやすい保育所」の確立に向けて政策を具体化することになるのは、市場経済のボーダレス化、グローバル化が進む中、「工業化社会モデル」を支えてきた「日本型システム」を、根本的なレベルから見直さざるをえないところまで追い込まれたからにほかならなかったのです。

つまり、一九九〇年代に入る頃からこの国で開始された保育・幼児教育制度改革は、「工業化社会が成熟段階をむかえた日本」が「ポスト工業化社会の階段を登り始める」ために、工業化社会にとっては最適のシステムとして機能した「日本型システム」を転換する必要性の自覚に起点を置いたものだったということなのです。

そしてそうした視点から、国の労働政策、家族政策、保育政策をそれまで支配してきた性別役割分業の思想や、それを基礎に展開されてきた専業主婦優遇政策、あるいは女性のM字型就業構造の見直しを進めることにつながり、そうした動きに対応する形で新たな産業の創出と雇用の拡大を図るために社会的インフラストラクチュア整備の必要性が自覚されたところに、すべての議論の出発点があったということなのです。

たとえばここでいう「新たな雇用」の創出という問題に関して、経済財政諮問会議や男女共同参画専門委員会の重要メンバーの一人であり、小泉内閣の内閣府特命顧問を務めた島田晴雄氏は、構造改革を進める過程で、二〇〇六年までの五年間に「子育てサービス部門」三十五万人を含む五百三十万人の雇用創出を、九つのサービス部門で実現すると指摘していますが[4]、ここにあげられたサービス部門の全分野が、実は女性労働力に依拠した分野だという点は重要です。

4 専業主婦優遇政策の廃止で加速する「男女共働き」型社会

つまり、市場経済のボーダレス化、グローバル化が進む中、企業にとってみれば日本の高度経済成長を支えてきた雇用慣行ともいえる年功序列賃金制と終身雇用制の維持が困難となり、五十代を中心とした男性社員の整理・縮小が課題として自覚されるようになってきたということなのです。そしてそれと同時に、世界的規模で展開する「労働力女性化」の流れに対応しようとすると、当然のことながら女性たちを積極的に労働市場に引き込んでいく政策が採られるようになっていったということなのですが、さらにそれに加えてこうした政策に並行する形で採用されてきた諸々の専業主婦優遇政策を維持することが困難になってきたという問題も、実は見逃すわけにはいかないのです。

たとえば所得税に関して言えば、年間の収入が百三十万円を超えない場合は非課税となっています。あるいは専業主婦の場合、百三十万円までの年収だと、夫の勤め先で配偶者手当てがもらえるし、健康保険についても扶養家族扱いでいることができるのです。そして国民皆年金という形で年金制度を整備したときには、いわゆるサラリーマンの妻である専業主婦は第三号被保険者と位置づけられ、掛け金を払わなくても基礎年金分は支給される有利な仕組みを作ったりしたのです。

つまり、年収百三十万円未満の収入のレベルで雇用調整していくほうが、へたに働くよりも家族全体で考えると「有利」な制度が作りだされていったということなのですが、これにさらにプラスして年金の掛け金控除、配偶者控除、配偶者特別控除といった税額控除システムが作られていったわけです。

ところが年金問題一つとってみても、人口に占める年金支給対象者の比率が急速に増えてくる高齢化社会にあっては、掛け金を支払う能力があるはずの女性を放置していたら年金制度そのものが崩壊してしまう。それならいっそのこと、この人たちに労働市場に出てもらって、みんな年金の掛け金ぐらい払ってもらいましょう。もしそれが無理でも、第三号被保険者は収入ゼロの人に限定しましょうと、制度改革の議論が具体的に起こり始めているのです。

いや、それだけではありません。それぞれが収入を得るようになれば消費も増え、消費税の収入も増えていく、そして所得税だってみんなに払ってもらう……。そんな感じで、一気に専業主婦という生き方を否定する議論が、財政問題に絡めて展開されているのが、実は一九九〇年代以降の税制改革議論の特徴でもあるのです。

たとえばこうした流れの中で、二〇〇四年からは、配偶者特別控除を廃止することが決定しました。この制度は、家族に専業主婦がいる場合、配偶者控除三十八万円に加えてさらに最高で三十八万円を税額控除する制度なのですが、これを廃止するということは、専業主婦の存在を前提に整備してきた戦後課税システムの変更を意味するとともに、その背後で展開されてきた家族政策の変更を意味することにもなるのです。

●●●●●5 新時代に準備される男女共に不安定な労働市場

つまり以上見てきたような理由でこの国は、高度経済成長期以来一貫して採用し続けてきた性別役割分業政策を、男女共に労働の主体に位置づける男女共働き政策へと転換していくことを決定していったのです。そしてそうした新しい社会のイメージを表現する言葉として、「男女共同参画」型社会という言葉が採用されていったということなのです。

もちろん「男女共同参画社会」という原理そのものは、これまで長い時間をかけて女性たちが運動の中で追求してきた社会の姿であり、それが国の政策の基本に据えられるようになってきたというのですから、こうした変化を社会の進歩・発展として評価することに私自身なんら異論はありません。

しかしながら、それではこうした社会の変化を、男も女も平等に労働することができる社会になったと歓迎し、やっと女性の権利が男性と同等になった証だと積極的に

図７　企業・従業員の雇用・勤続に関する関係

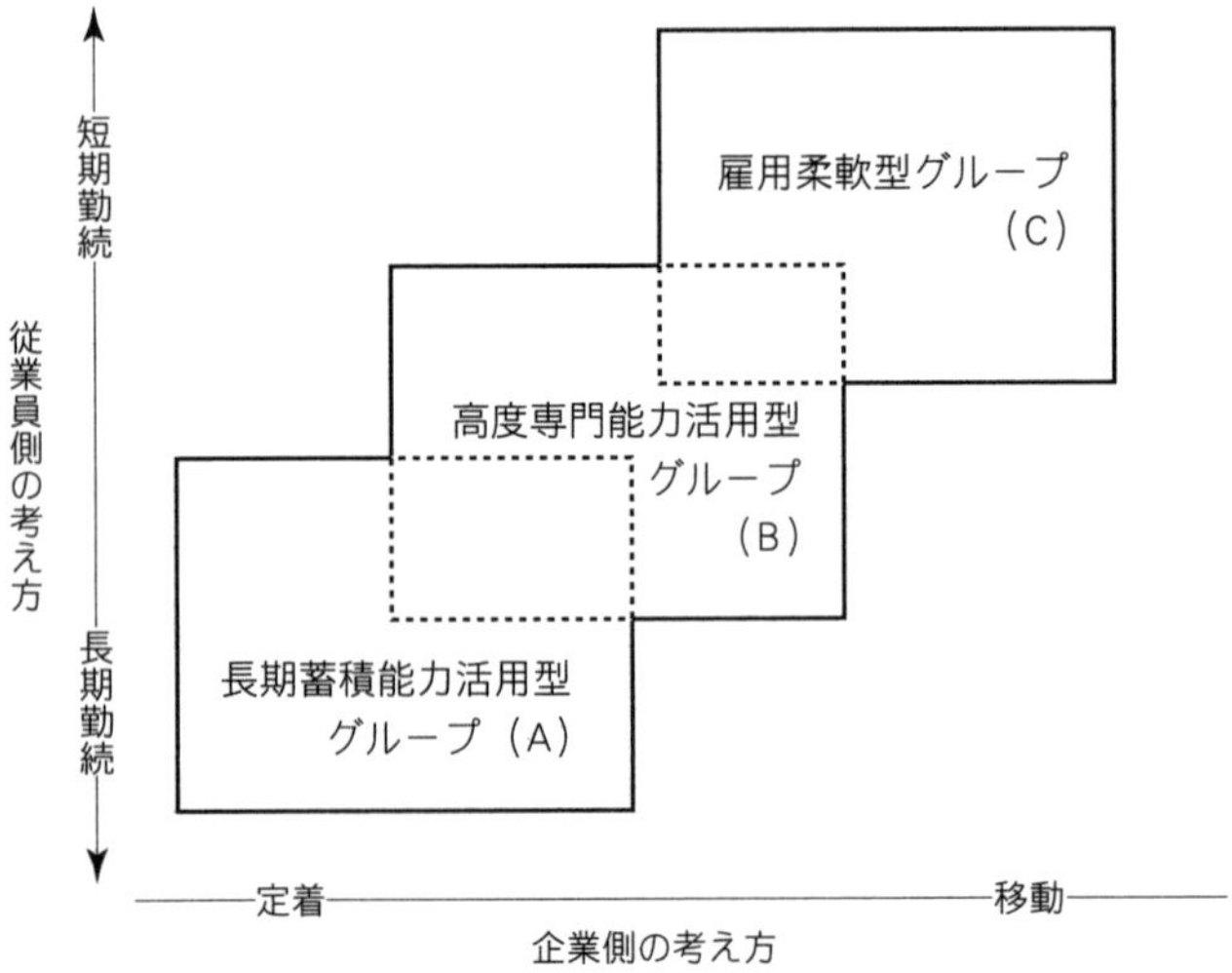

注：1．雇用形態の典型的な分類
　　2．各グループ間の移動は可

〔出所〕日本経営者団体連盟「新・日本的経営システム等研究プロジェクト（中間報告）」（1994年）
※(A)(B)(C)は筆者が挿入

評価することができるかというと、問題がそれほど単純でないのも事実なのです。

　実はこうやって働く男女の多くが、終身雇用と年功序列賃金制を保障されない不安定な労働者として想定されているのが現実なのです。

　たとえば図7は、日経連が描いた二一世紀前半の労働市場のモデルですが、これによると労働者は、今後三つの階層に分類されることが計画されています。図は左下にいくほど安定雇用と高給が保障されることを意味しています。つまり左下の長期蓄積能力活用型グループ（A）は安定雇用・高給保障の人たち。こういう人たちが男女を問わず、少数ながら存在します。そして中間に一生涯自らのスキルアップ（技能向上努力）を図りながら安定雇用を求めてひたすら努力し続ける高度専門能力活用型グループ（B）の人たちがいて、最下層に不安定層としての雇用柔軟型グループ（C）がいるという、こうした三つに労働者の層を分けていくというのです。

同様の論理で旧来の雇用スタイルを図にしてみたのが図8ですが、ここでは長期蓄積能力活用型グループ（A'）を男性が担い、そして雇用柔軟型グループ（C'）を女性が担う形で労働市場が形成されていたわけです。もちろん実際にはこれに学歴社会のファクターが加わり、男性でもC'グループに入る層が存在したし、男性並みにA'のグループで頑張る高学歴の女性がいたことも事実です。

重要な点はこの場合、男女の性別役割分業という仕組みが通用しなくなったばかりでなく、学歴社会という「ものさし」もそれだけでは、労働者選別の有効な道具として機能しなくなった点にあります。

図８　高度経済成長期の企業・従業員の雇用・勤続関係モデル

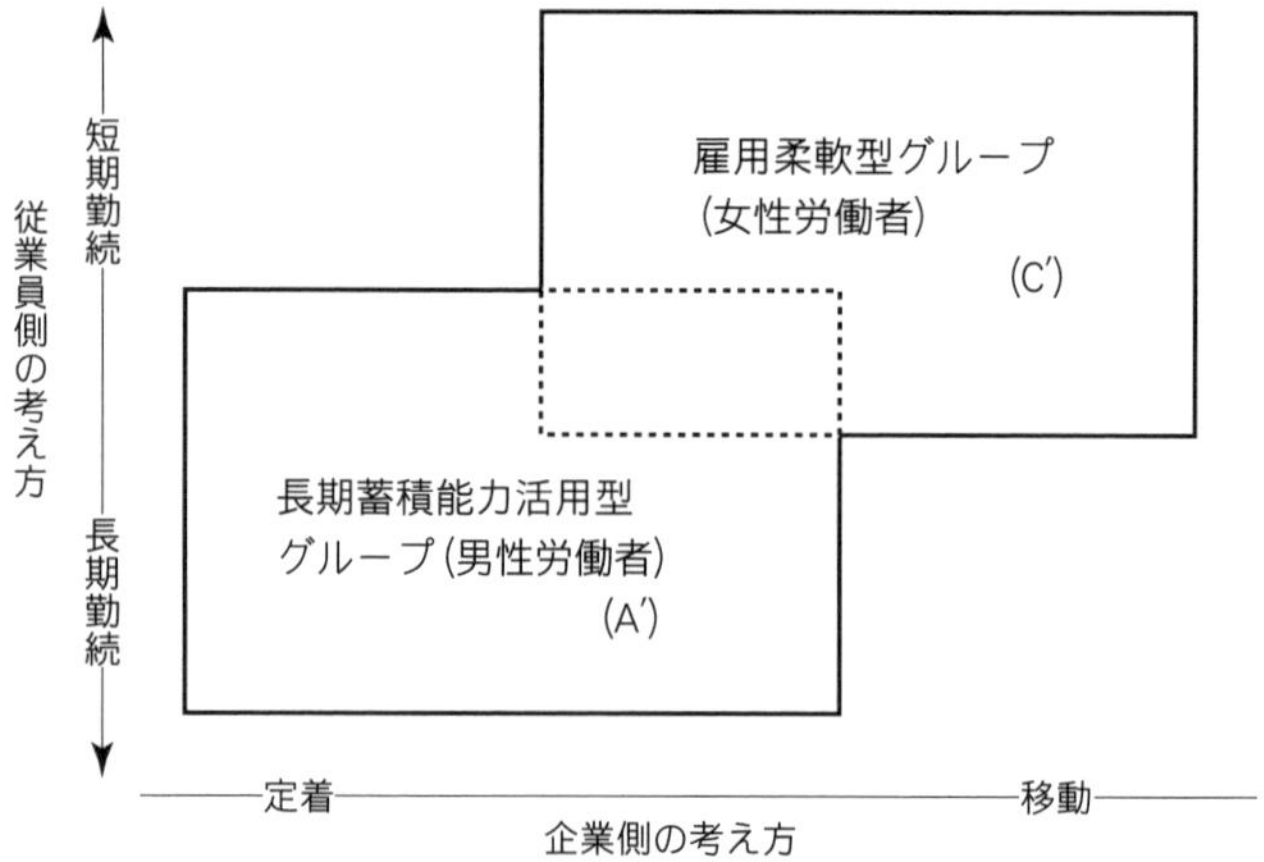

〔出所〕日本経営者団体連盟「新・日本的経営システム等研究プロジェクト(中間報告)」を基に作成
※(A′)(C′)は筆者が挿入

その理由は何といっても、大学卒業者の増加にあります。たとえば現在十歳の子は全国で百二十万人ほどいるのですが、その子たちが大学・短大の定員八十万人の席を目指して競争すると、単純に計算して三人に二人の割合で大学に行くことになります。こうなるともう、「大学を卒業した人はＡのグループに」なんて甘いことを言っていられなくなってくるのです。なぜなら、ただ大学を卒業したというだけで安定雇用グループにその人たちを抱え込むことは、実際には役に立たない危険性のある人間を大量に抱え込むリスクを、企業の側が負うことを意味しているのですから。

さてそれでは学歴社会に変わるシステムとして、いったいどのようなシステムが考えられているかということですが、この一つのイメージが生涯学習社会に他ならないのです。もっとも、生涯学習社会なんて言葉を聞くと、おそらく多くの人は公民館などで展開される「趣味の講座」のようなものを思い浮かべるのでしょうが、実は企業人も学習し、スキルアップを図っていかないと、AのグループからBのグループ、BのグループからCのグループへと転落していく危険性があるという社会のイメージが、同時にそこにかぶさっているのです。そしてもちろんこのことは、その逆にどんどんスキルアップを図っていけば、雇用の安定を勝ち取ることが可能になることも意味しているのですが……。

6 経済政策を起点に展開する保育・幼児教育制度改革

読者の皆さんがどのように読まれたか私には分かりませんが、乳幼児を対象とした保育の問題が、子どもの発達をどう保障するかという問題としてではなく、大人たちの生き方・働き方の問題を起点に論じられていることに、現在進められている制度改革の最大の特徴があるという問題を、この章では論じてきました。

つまり、乳幼児の健やかな育ちを保障するために集団保育がどのような意味を持つかという議論から保育社会化の必要性が語られたのではなく、社会が女性労働力を必要とするようになってきた現実を第一義的な課題としながら、保育社会化の必要性が語られているということなのです。

そしてそれゆえに保育制度の改革が、行政にとって重要課題として自覚されているわけなのですが、考えてみるとこれは、戦後改革期に松崎芳伸氏が論じていた「経済政策としての保育所拡大論」そのものだということがわかります。

氏は語っていました。保育所を資本主義社会の「円滑な循環をもたらすための施設」ととらえ、女性たちの「労働力再生産を便益ならしめようと」して施策を講じたとき初めて、保育所は「国民経済、国家財政の中に確固たる地歩を占め」ることが可能になるのだと……(5)。

先にも述べたように、松崎氏のこうした議論に賛成するかどうかは、ここの論点ではありません。重要な点は、行政が政策を作り、それを具体的施策として展開していくためには、行政自身を内部から突き動かす動因が必要だということなのです。そしてそれが、九〇年代以降展開された保育制度改革の場合は、経済政策の転換であり、労働力政策の転換であったということに他ならないのです。

たとえば、一九八六年の「男女雇用機会均等法」制定に始まり、改正「雇用機会均等法」(一九九七年)へと続き、そして「男女共同参画社会基本法」(一九九九年)制定に至る一連の動きは、いずれも女性を労働市場へ呼び込んでいく政策として展開されたものにほかなりませんでした。そしてこうした中、一九九七年版『国民生活白書』は「働く女性　新しい社会システムを求めて」という特集を組んでいるのですが、そこでは日本的雇用慣行の論理を持ち出しながら、女性の職場進出を阻もうとする議論が横行する現実に対して、次のように議論を展開したのでした。

新しい動きに対応して、社会システム、制度・慣行を変えていく時には、常にとまどいや抵抗感が伴う。女性が外で働くようになると、伝統的な家族のよさが失われ、また、少子化がさらに進んでしまうのではないかと憂慮する声もあるかもしれない。しかし、女性の職場進出は、偶然に起こったことではない。

それは押しとどめることのできない時代の大きな流れであって、その流れを逆転させることは不可能である。そのことは、その背景が、経済構造・産業構造の変化や技術の変化などの大きな流れにも根ざしたものであり、それが世界的に起こっている現象であることなどを考慮すれば、容易に理解できる。


幼稚園・保育所といった社会的保育施設は、小学校や中学校といった義務教育諸学校とは異なり、純粋に教育的な営みを期待して組織されたものではありません。じっさい保育施設は、多様な要因を背景に誕生・発展させられてきた歴史をもっているのですが、それを経済・労働システムの転換に対応させる形で、一元的に制度改革を達成していこうというのが、実は現在展開されている保育・幼児教育制度改革の動きにほかならないのです。

そしてここで気になるのが、幼稚園・保育所のもう一方の主役である子どもたちの問題です。もちろん乳幼児を対象にした施設ですから、子どもの発達の問題なんかどうでもいいという乱暴な議論を展開する人はどこにもいません。しかしながら、母親を労働の場に引き出していくために乳児の集団保育を普及させていく場合と、一歳児の発達にとって集団保育が必要だから普及させていくのとでは議論の立て方が異なってくることは、誰が考えても明らかなことなのです。

おそらく問題は、こうして九〇年代の保育社会化を牽引していった「大人の論理」と、実際に社会的保育施設で生活し、発達する「子どもの論理」との関係を、政策の中でどのように調整していくかという点にあるのですが、実はこの二つの対立軸に加えてさらにあと一つ、国家財政・公共政策のありかたをめぐるもう一つの対立軸が準備されていったのが九〇年代に始まる「構造改革」の流れだったのです。

第三章　問い直される「子どもへの責任」

●1 政策と運動を支える理念が近接する中で

九〇年代以降の保育政策が、「性別役割分業」型社会から「男女共同参画」型社会へ、「家庭保育重視」型子育てモデルから「集団保育基調」型子育てモデルへと、その理念を大きく転換させながら展開されてきたこと、そしてそうした動きが、「工業化社会」から「ポスト工業化社会」へと転換を図ろうとする日本社会全体の動きに連動して引き起こされていることについては、すでにこれまでの議論でふれてきました。

重要な点は、こうした保育政策の転換によって、それまで対極に位置していた「保育政策の基本理念」と「保育運動の基本理念」が極めて近い場所に位置づくようになった点にあります。いや、「男女共同参画」型社会も「集団保育基調」型社会も、親と保育者が「保育運動」の中で共同して作り出してきた理念であり、実践だったわけですから、もう少し正確に言うとそれは、「行政」の論理が「運動」の論理に追いついてきた姿だということになるのかもしれません。

しかしながらいずれにしても、両者の理念の間に、これまでのような大きな対立軸

図９　保育理念をめぐる「大人の論理」と「子どもの論理」

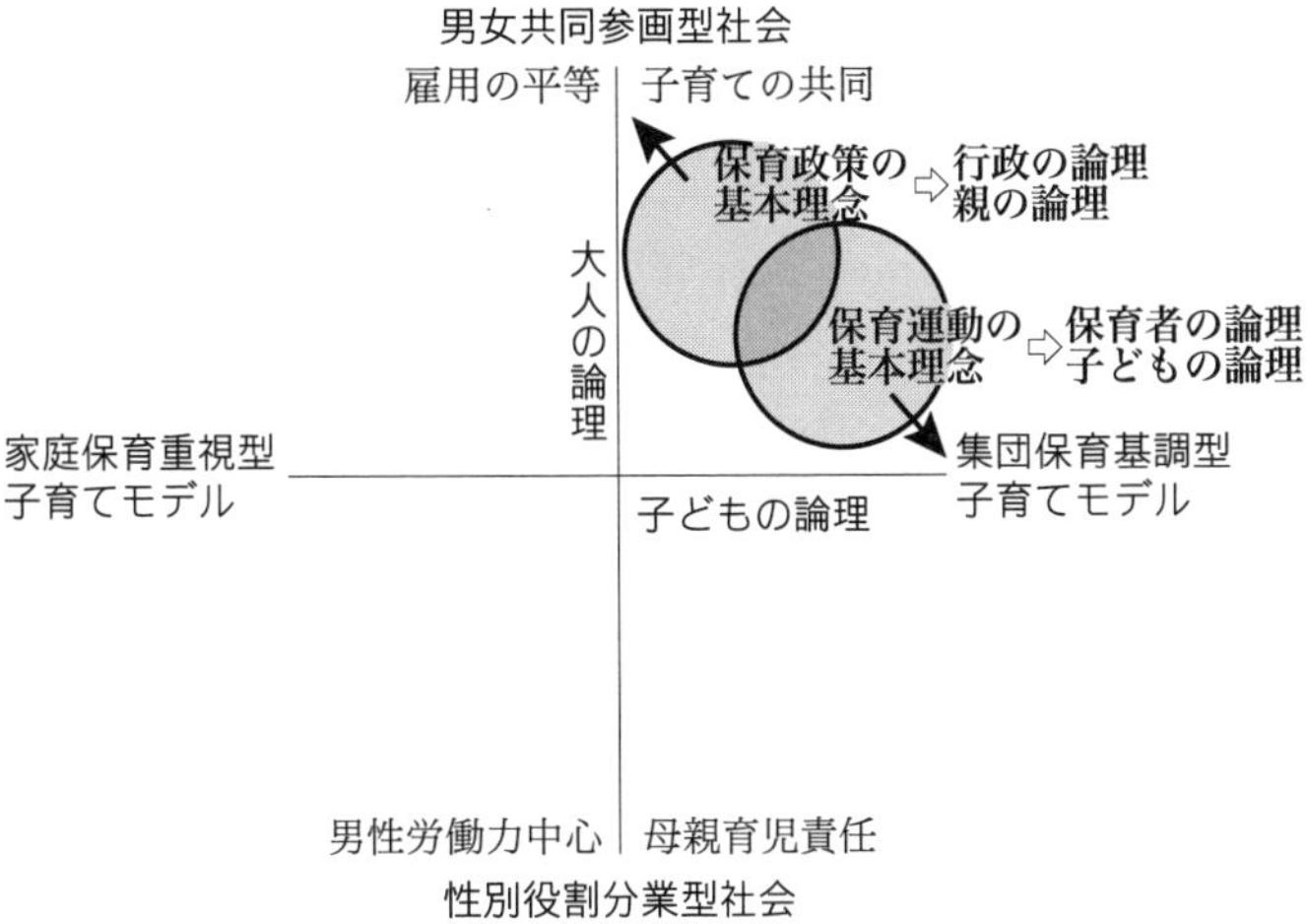

はなくなってきたわけですから、保育・幼児教育制度のありかたをめぐって、やっと同じ土俵で議論ができるようになったと、一連の動きを積極的に評価する声がでてくるのもそれはそれで理解できることなのです。

図９はこうした関係を表現したものですが、「保育政策の基本理念」が左上に位置づけられているのは、これが「経済の論理」と「労働政策の論理」に牽引されながら展開されてきたからにほかなりません。じっさいそれは、労働者を雇用する「企業社会の論理」

と、そうした論理に従わざるをえない「労働者の論理」を第一義に考え、乳幼児の発達保障をどう実現するかといった「子どもの論理」を後景に追いやりながら作られたものだったのです。

これに対して「保育運動の基本理念」は、「子どもの論理」を基軸に作り上げようとしてきた点に特徴があります。それゆえ図の中では、「男女共同参画」型社会構築をめざす縦軸に近い所ではなく、「集団保育基調」型子育てモデル構築の課題を意識した横軸に近い、右下に位置づけているのです。もっともこの立場、実際には「保育者の労働」と「親の労働」とを両立させようとしたら、必然的に「子どもの論理」に合致する保育のあり方を追及することになっていったということで、そこにおいては集団保育と家庭保育の両方を、ともに重視する方向で理念と実践が作り上げられていった点に特徴があったのです。

ところが九〇年代に始まる保育制度改革の動きは、多様化する「親の労働」に保育時間を合わせる方向で進められていったわけですから、必然的に保育者のほうは労働が厳しくなっていくわけです。いや保育者にしてみれば、自分の労働のことよりも、そうやって進められる保育制度改革の中で、子どもたちの生活が崩されていくことに危惧を感じているのだと言いたいところかもしれませんが、いずれにしても「保育運動の基本理念」を構成してきた「保育者の論理」と「親の論理」と「子どもの論理」とを統一的にとらえる視点が、知らないうちに崩れかけてしまった点が問題なのです。

図9の中ではそれを、相互に反対方向に引っ張り合う矢印で表現してみましたが、こうした関係が一般化する中、「保育政策の基本理念」の担い手である「行政の論理」と「親の論理」が接近・一体化し、「保育運動の基本理念」の担い手が保育者のみになってしまう、そんな構図ができあがってしまった点が重要です。問題が深刻なのはこうした構図の中、「親の論理」と「保育者の論理」との対立関係が浮き上がり、その背後にある「行政の論理」と「子どもの論理」の矛盾構造が隠蔽されてしまう点にあります。

つまりここでいう「保育者の論理」は、保育者の労働問題を反映したものであると同時に、「子どもの論理」を代弁したものでもあったのですが、こうした議論を正面から語りにくい雰囲気が保育界を覆い始めていることが問題なのです。

●●2　「公共原理」か「市場原理」かという新たな選択肢の登場

もっともそうは言うものの、高度経済成長期にみられた対立の構造に比べれば、ここに現れている矛盾など小さなもので、これをことさら大きな問題のように扱おうとするのは保育者の怠慢の現れだという議論があることを私も知っています。

しかしながら私は、「行政の論理＝親の論理」と「保育者の論理＝子どもの論理」との対立構造という形で表面化しつつある矛盾は、実はかなり大きな構造的問題の結果生じたものとして理解する必要があると考えているのです。

さてそれではその構造的問題とは、いったいどのような問題を指すのでしょうか。

それは「性別役割分業」型社会か「男女共同参画」型社会か、「家庭保育基調」型子育てモデルか「集団保育基調」型子育てモデルかという形で展開された七〇年代・八〇年代の対立軸に加えて、九〇年代には「公共化」か「市場化」かという、もう一つの対立軸が登場してきたことに起因していると考えられます。

つまり一九九〇年代に入るころになると、それまで当然と考えられてきた「公共化」

図10　二極分化する世紀転換期の保育理念

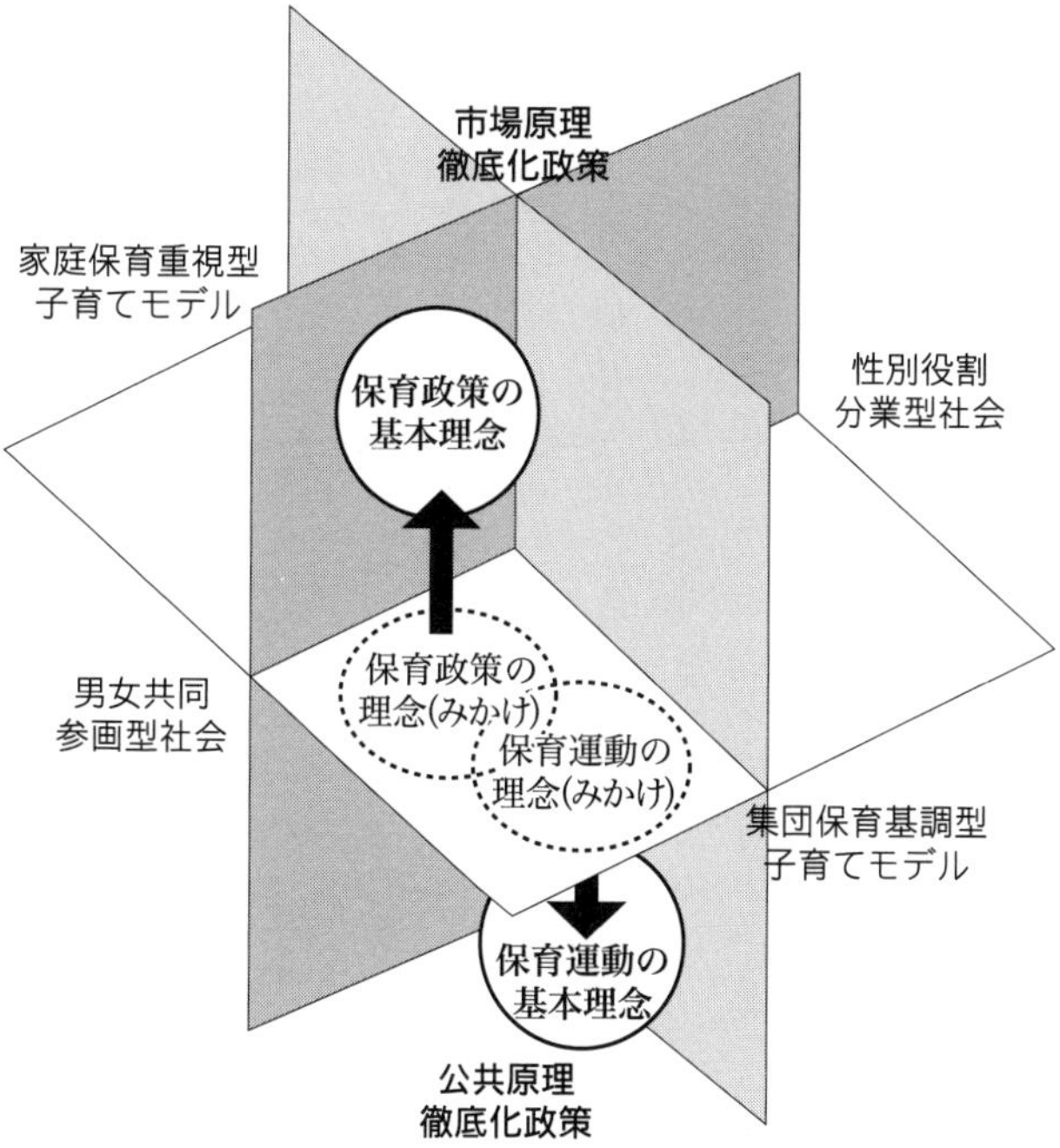

という保育社会化の方向に対して、「市場化」という選択肢が新たな行政・財政論理として登場してくるようになってきたのです。そしてこのことにより保育・幼児教育制度をめぐる対立の構図は図10のように二次元（平面）から三次元（立体）へと構造を変化させ、

保育をめぐる「保育政策の基本理念（行政の論理）」と「保育運動の基本理念（保育者の論理）」とは完全に異なる空間に位置するようになっていったわけなのです。

じっさい、一九九〇年代に行政主導で展開されるようになっていった「保育社会化」の流れは、いかにして保育の現場に「市場原理」を導入するかという議論として展開されてきた経緯をもっています。

もちろんそれは、たんに保育・幼児教育の世界だけでそうした議論が展開されていったというわけではなく、この国の公共政策全体の政策転換を背景にしていました。つまり、それまで公共的な施策として展開されてきた事業をことごとく民間の手に委ねていく「市場原理」徹底化政策の中に、病院も、学校も、そして社会福祉施設も組み込まれていったということなのです。

もっとも、この国の公共政策がこうした形で「市場原理」を採用していく方向性に関しては、すでに一九八〇年代初頭から議論され、具体化されたものだったと考えることができます。

たとえば「戦後政治の総決算」というスローガンを掲げて中曽根内閣が誕生したのは、第二次臨時行政調査会（会長・土光敏夫）の活動が開始された翌年にあたる一九八二年のことでした。当時、三十七兆円の赤字を抱えていた国鉄の「民営化」を始めとして、公共部門の「民営化」政策が次々と具体化されていったのです。

つまりこの時代からすでに、市場主義に基づく「構造改革」が政策課題として提示され、政策化されてきたということなのですが、実際に行政、財政、経済、社会保障、金融、教育といった六分野にわたって「構造改革」の課題が提示され、具体化されるようになっていくのは、橋本内閣が誕生する一九九六年のことでした。

「改革」を具体化していくのにこれだけ時間を要した背景には、戦後日本社会を構成してきた政官財癒着の構造がそれだけ強固だったからにほかなりませんが、それと同時に「改革」の途中でバブル経済に遭遇し、「改革」の必要性に対する自覚が緩められたこともその一因だったと考えられます。

しかしながら、改革をこうやって先送りしているうちに、今度は国と地方が抱える長期債務残高が七百兆円近くまで膨れ上がり、いよいよ後に引けなくなってきた所で小泉内閣の誕生となっていったということなのです。そして小泉内閣誕生後は周知のとおり、「改革なくして成長なし」とか「三位一体改革」といったスローガンとともに、まさに市場万能主義一色といった感じで改革が遂行されてきたというわけなのです。

もっとも小泉内閣が「構造改革」推進を決定した二〇〇一年という時期は、すでにイギリスでは「市場原理」を徹底導入したサッチャー政権の政策が批判され、「第三の道」を標榜するブレア政権が誕生した後のことであり、まさに「二十年遅れのサッチャリズム」という言葉がぴったりの改革路線でもあったのですが……。

●●●3 競争原理を牽引するイコールフッティング論

しかしながらいずれにしても、このようにしてこの国は二一世紀の幕開けとともに、グローバリズム思想に基づく経済・労働制度改革路線と、市場原理万能主義に基づく行財政改革路線と、そして「待機児ゼロ作戦」と名づけられた保育機能拡充政策との同時進行という形で、保育・幼児教育制度改革を遂行していくことになっていったのでした。

つまり、保育機能拡充政策と公費削減政策とを同時達成することが要求された結果、「規制緩和」「民間委託」「公設民営」「市場化」といったキーワードに彩られた「市場原理」「競争原理」徹底化政策として展開される保育機能拡充政策が採用されることになっていったということなのです。

たとえば、こうした保育における「市場原理」徹底化政策について二宮厚美氏は、それが「民営化↓営利化↓市場化」という三段跳びのような「筋立て」とともに具体化されてきたことを指摘したうえで、現在はホップ・ステップ・ジャンプとジャンプする直前まできている段階だと指摘しています。さらに二宮氏はこの場合、「営利化↓市場化」という「最後のジャンプに助走路の役割を」イコール・フッティング論（競争条件平等化論）に果たさせ、切り札にバウチャー制（利用者補助金方式）を用意しながら、保育・幼児教育界の「市場化」に向けた政策の最終段階に入りつつあるとも分析していますが[1]、それはまさにそのとおりなのだと私も思います。

たとえばここで言うイコール・フッティング論とは、保育所を民営化・営利化させていこうとすると、保育事業を行なう機関が平等な競争条件におかれる必要があるという議論なのですが、その必要性については「男女共同参画に関する研究会報告書」（二〇〇一年）の中で、次のように語られています。

「社会福祉法人の場合は、施設整備費の四分の三が公費で補助されているが、民間企業に対してはその補助がない。これは社会福祉事業における補助金が民間企業の私的資産の形成につながることを回避するための措置であるとされているが、このことも民間企業による保育所参入を困難にしている原因の一つと考えられている。

民間企業に対して施設整備費を助成することには議論があるが、少なくとも同じ社会福祉事業を営む以上、イコールフッティングが図られる必要があると考える[2]」

実際、保育機能拡充競争に参加する園を増やすために、たとえば東京都は国の基準を緩和した「認証保育所」制度を独自に設立しているし、国は株式会社でも保育所を設立することが可能なように法律の整備をしてきたのです。そしてこれをさらに一歩進めて民間企業にも補助金を交付するシステムを作りながら、平等な競争の下で保育ニーズに応えていかせようということなのですが、こうした論理に立つと当然のことながら、まずは公費支出割合の高い公立保育所の民営化を進めるという議論になっていくのです。

つまり、高いところに基準を合わせるのではなく、低いところに基準を合わせながら競争させていこうというわけです。そしてこうした議論が、実は保育における「規制緩和」の議論なのです。

●●●●4 規制緩和の徹底と急展開を見せる幼保一元化問題

たとえばこうした議論を端的に表しているのが、最近になって急展開を見せている幼保一元化・一体化問題です。

もっとも最初に断っておきますが、いわゆる「幼保一元化」自体は保育界の積年の課題であり、子どもの発達権保障のために追求されるべき重要な課題なのです。ところが現在展開されている幼保一元化論は、経済の論理を基礎にした保育機能拡充政策に、いかにして幼稚園を参加させるかという視点から展開されているものであり、そうした視点から二つの制度の間にある保育条件の差異を解消する「規制緩和」論として展開されている点に特徴があるのです。

たとえば、二〇〇三年六月に政府は「経済財政運営と構造改革に関する基本方針二〇〇三」を閣議決定していますが、その中で幼保の関係について次のような方向性を提示しているのです。

「近年の社会構造・就業構造の著しい変化等を踏まえ、地域において児童を総合的に育み、児童の視点に立って新しい児童育成のための体制を整備する観点から、地域のニーズに応じ、就学前の教育・保育を一体として捉えた一貫した総合施設の設置を可能とする(平成十八年度までに検討)。

あわせて、幼稚園と保育所に関し、職員資格の併有や施設設備の共用を進める」

もちろん、ここに書かれた内容が問題というわけではありません。しかしながらこれを具体化する議論が、「規制緩和」の視点のみというのが問題です。そしてそこに、子どもの「最善の利益」を保障する視点が存在していない点が問題なのです。

たとえば先の閣議決定を受けて総合規制改革会議がまとめた「アクションプラン」の中では、幼稚園と保育所の関係を次のように調整すると書かれています。

「行政の一元化、基準の一元化に到達する前段階として、幼稚園と保育所のどちらか一方のみに課されている規制について、緩和・撤廃すべきである。

例えば、保育所のみに義務付けられている調理室の設置義務については、規制の趣旨に照らして合理的ではないことから、廃止すべきである」

「少なくとも三歳児以上については、幼稚園教育要領と保育所保育指針との内容が同一であり、両施設が同等の教育サービスを提供しているのであれば、幼稚園のみに課されている設置主体制限すなわち株式会社等による設置の禁止について、その解禁を図るべきである(3)」


周知のとおり、幼稚園には幼稚園設置基準という基準があり、保育所には児童福祉施設最低基準という基準があります。それぞれ施設を作り運営していこうとする場合に守らなければならない基準なのですが、そのいずれもが国際的にみてかなり低い所で設定された「最低基準」だと、実はこれまでも指摘されてきたものだったのです。ところがそれを、さらに低いところで調整しようというのです。そしてそれが、社会の求める「規制緩和」の議論だというのです。

しかしながら考えてみてください。

幼稚園の場合、三歳児一クラス三十五名詰めこむことを可能にしているのがここで議論されている幼稚園設置基準なのです。常識的に考えても児童福祉施設最低基準で保育所について定められている二十名（一人の保育者が担当する子どもの数）という基準に、最低でもあわせようとするのが筋というものではないでしょうか。

ところがこうした点にはいっさい触れないで、なぜか保育所の給食室設置問題と、幼稚園経営への株式会社参入問題に集中する形で、この「規制緩和」に関する議論が進められているのです。たとえば以下に紹介するのは、衆議院予算委員会でこの問題を議論した民主党の岡田委員の質問と、小泉・坂口両氏の答弁です。

岡田委員　総理の話しを聞いているといかにも進んでいるみたいですが、一つだけ例を挙げましょう。

例えば、これは厚生労働省ですが、保育所に調理室というのが、設置が義務づけられていますね。なぜなのか。これに対して、厚生労働省はこう答えていますよ。調理しているところを見せることがちゃんとした大人になる条件だ、こんな次元の議論で、物事進んでいかないですよ。本当に保育所に調理室が要るのか、私はそうじゃないと思います。しかし、調理室要らないと言った瞬間に、幼稚園との境目がぐっとなくなっちゃうんですよ。だから頑張っているんですよ。

そういうことを一つ一つ、総理がそこまでおっしゃるんなら、もっときちんとリーダーシップを発揮してやっていくべきじゃないですか。総理には聞こえませんか。安心した施設に預けることができない若いお母さんの悲鳴や、あるいは子供たちの気持ち……

〔中略〕

小泉内閣総理大臣　それは、幼稚園と保育園の壁をもっと取り払って柔軟に考えろということを、私はっきり言って、その方向に進めているんですよ。今の話しは私も初めて聞きましたけれども、今、厚生労働大臣来ている、そんなこと言ったの。〔中略〕

坂口国務大臣　保育所につくっておりますのは、それは最近のお子さん方が非常にアレルギーが強い、そういうことがありますので、やはりよそからとったのではぐあいが悪いということでございます。(4)

どうです。「最初に規制緩和ありき」という発想から議論が進められているわけですが、これはもう議論を進めるベクトルの方向が逆だとしか言いようがありません。

つまり、子どもの幸福のために大人がどう責任をとるかというベクトルの議論ではなく、大人の都合で子どもにどこまで我慢させることができるかというベクトルで議論を進めていこうとしている点が、何よりも大きな特徴なのです。

たとえば質問した岡田氏は、わざわざ「安心した施設に預けることができない若いお母さんの悲鳴や、あるいは子供たちの気持ち」が総理には聞こえないのかと述べていますが、乳幼児を対象にした保育施設は、どうやったら安心して預けられる施設になるかということを基準に議論すべきなのです。園内に信頼できる栄養士・調理師がいて、保育者と調理師が連携を取りながら子どもの生活と発達を保障している園と、外で作った食事をレンジで暖めたりしながら与える園と、どちらが安心して預けることができるかが問題なのです。そしてそこでお金がかかるなら、子どもたちのために予算措置させることが議員たちの仕事のはずなのです。

●●●●●5　規制緩和論者が給食室と株式会社にこだわる理由

ところがこうやって給食室問題が国会で審議される前に、すでに総合規制改革会議の中では、この問題と幼稚園経営への株式会社参入問題が、かなりつっこんだ形で論じられていたのです。

たとえば先の給食室問題は、総合規制改革会議アクションプラン実行ワーキンググループの中で、次のようなやりとりが行なわれていたといいます。少し長い引用になりますが、議事録からみてみることにしましょう。

福井専門委員　これは低年齢児用、あるいは離乳食を外から運んで来るのだとなんでまずいのですか。

岩田局長　離乳食というのは、先生も御存知かと思いますけれども、食物の繊維をすりつぶすわけで、赤ちゃんを育てられた方は皆さん御存じだとおもいますけれども、本当に衛生面に気をつけながらやるわけでございます。

ですから、毎回ベビーフードでいいというような立場に立たれれば……

福井専門委員　そうじゃなくて、つくった離乳食を、そんなに時間がかからないで、栄養価が壊れないうちに運んでくることだってできるのです。それならそれでもいいのですか。

岩田局長　実際問題そういうことがあり得るのかというのが、もう一つ……。

福井専門委員　だから、あり得るかどうかというのは、ここの争点ではないのです。ここはあくまでも規制の論理の世界を詰めたいので、そういうことができれば、この論点は問題ではなくなるという理解でよろしいですか。

渡邊大臣官房審議官　ちょっと補足させていただきますと、やはり冒頭からの保育所とは何ぞやというところから申し上げておりますように、やはり教育的な側面もありますけれども、家庭に代わる養育環境をそこで用意しようと、しかも長時間にわたりということでございます。

福井専門委員　二番の点ですけれども、夜間保育とか、おやつ、夕食とか、複数回の食事ということですが、これも複数回運べれば問題がないのではないかということも一番と同様の論点です。

岩田局長　それから、私も外部搬入すべて認められないかというと、これは勉強してみたいとおもっているのです。

ですけれども、〇歳も含めて、一歳、二歳も含めて、そしてここにも書いてございますように、体調が悪くなれば、今日は下痢をしているというふうに思ったら御飯をおかゆに代えるわけです。それはうちでやっているように、それはすべての保育所でやっております。そういうことを考えたときに、すべてのケースについて外部搬入で済むというふうには思われないのです。(5)

この問題について、ここでこれ以上のコメントをする必要はないでしょう。

がそれにしても、こうやって議事録を読んでいて、なぜこれほどまでに保育所における調理室設置義務問題にこだわっているのか、逆に疑問に感じる人も多いのではないでしょうか。実際に保育の現場を見ていますと、幼稚園だって調理室を置けるように予算措置を講ずる方向で平等化を図るべきだと思いますし、保育所に義務づけられていない園庭をどう考えるかという問題や、園規模、クラス規模、専門職としての保育者の待遇問題といったことのほうが、むしろ議論されるべき課題のように思えるのです。

しかしながら、こうした点を総合的に議論するのではなく、保育所の給食室問題と幼稚園経営に対する株式会社参入問題を中心に議論は展開されているのです。

こうした問題を考える際、鍵を握っている報告書の一つが、二〇〇三年七月に日本経団連が提出した「子育て環境整備に向けて―仕事と家庭の両立支援・保育サービスの充実―」という意見書です。この意見書には、たしかに部分的にみれば画期的な内容が含まれていることを私も否定しませんが、こと保育制度の改革に関して言えば、かなり重要な問題をはらんだ内容になっていることに気づきます。そしてこの報告書に書かれた内容が、その後の議論の伏線となっていることも理解できます。

実はこの意見書は、「認可保育所制度自体を廃止」することを抜本的改革の方向として提示しているのですが、それが不可能な場合、当面の改革として以下のような内容を提示しているのです。[6]

現状の保育サービスの提供体制を改革するための方策（行政への要望）

認可保育所制度を維持しつつ、競争メカニズムを機能させ、多様な利用者ニーズに対応した保育サービスの提供量を増加させるためには、（1）認可保育所制度の規制改革、（2）地方公共団体独自の認定制度の拡大、（3）利用者ニーズから発想した新しい仕組みの導入、（4）企業の「従業員向けの福利厚生としての保育」への支援、の四つの方策が考えられる。

そしてこの内、進めるべき「規制改革」の具体的内容として、以下の四点を具体的な政策課題として提示しているのです。

① 運営費補助の余剰金の使途制限の撤廃
② 施設整備費の支給対象となる設置主体の拡大
③ 調理室必置義務の見直し
④ 屋外階段設置義務等の見直し

つまり、株式会社が保育事業に参入しようとするとき、施設を作る段階で認可保育所と同じように「施設設備費」を税金で支給するようにし、利益が上がったら利益を自由に使えるように「規制緩和」することと、調理室必置義務の見直しという二つの項目が、ここで要求された内容だったのです。そしてその後の議論も、まさにこの筋書きどおり展開しているということなのです。

6 バウチャーシステムへのこだわりと保育市場化路線

もちろん問題はそこにとどまりません。

この日本経団連が出した「子育て環境整備に向けて」という意見書の中には、さらに「根本的改革」の方向として、「スピードある改革を実施するためには、現在の認可保育所制度をゼロベースで見直し、大胆に競争する方策も検討する必要がある」として、「認可制度廃止」と「直接契約方式」導入の二点を提案しているのです。

つまり保育所の認可制度を廃止して、「利用者が保育施設を自由に選択し契約を結ぶ」、いわゆる「直接契約方式」を制度の基本にしろと意見書は言うのです。すると幼稚園でも、無認可の施設でも、株式会社が経営するものでも、あるいはアパートの一室を使った施設でも、とにかく親が選んだものが「保育施設」として機能することになっていき、これに対応する形で公費補助の仕組みも「保育の提供主体への補助から、利用者に直接補助する方式（直接補助方式）へ移行」させればいいということになっていくのです。

もちろんこうなると、事前に施設・設備を審査する必要がなくなってくるので保育施設は野放しの状態になり、保育の「質」に重大な問題が出てくる危険性が生じてくるので、それへの対応として「第三者評価を前提とした事後規制」をすればいいのだと主張しているのでしょう。

意見書はこんな形で制度の抜本的改革を提案するのですが、これはまさに二宮氏が、「市場化」への「切り札」として指摘していた、バウチャーシステム導入の提案そのものであり、保育を徹底した「市場原理」へと導いていく提案にほかならないのです。つまり、バウチャーシステム導入という政策選択が、利用者の「保育所・幼稚園選択権」を前面に打ち出しながら、保育・幼児教育の世界を競争と商品の論理に導く最後のカードとして用意されている点に重要な問題があるのです。

ここで言う「バウチャー制度」の導入については、実はこれまでもさまざまな形で提案されてきたのですが、担当省庁である厚生労働省の抵抗もあって当面は見送る方向で議論されてきた経緯があります。

しかしながら現実には、経済戦略会議やその後に組織された経済財政諮問会議、行政改革推進本部、男女共同参画委員会、総合規制改革会議といった政府直属の諮問委員会から、市場原理に基づく公共政策の「切り札」として積極的に提案されているのが、このバウチャーシステムなのです。

たとえば、そうした方向を早い時期に提示した経済戦略会議は、その最終答申の中で次のように提案していました。

「急速な少子化に歯止めをかけるために、安心して子育てができる環境整備を図る。具体的には、保育バウチャー制の導入による選択の自由化、保育サービスの多様化、企業託児所への支援など保育制度を充実させる[7]」

また、経済産業省の中に設置された「男女共同参画に関する研究会」(座長・大沢真知子)は、さらに突っ込んで次のような提案をしたのでした。

「介護保険のように利用者とサービス提供者が直接契約することによって効率化とサービス向上が期待できる点からも『保育バウチャー制度の導入』を検討すべき。

さらに、『待機児童ゼロ』をスピーディーに実現するための手段として、民間企業等が公的主体より機動的に保育サービスを供給できるという利点を活かすことが重要。例えば現在待機児童となっている者に対し、認可外保育所のうち一定の基準を満たすところにかぎり使える『保育バウチャー』を支給することにより、さまざまな理由で認可保育所が利用できず待機児童となっている者へ早急により良質かつ低廉な保育サービスを供給することが可能であり、いわゆる待機児問題の解消が期待できる」(8)

研究会ではこうした制度を導入するために、「公設民営式保育サービスの供給」や「第二種認可類型の創設と補助」といった提案も具体的にしているのですが、二一世紀初頭の保育・幼児教育制度改革論は、まさにこうした議論を背景に、保育市場化に向けて一気に議論を進めている感じなのです。

さて、それではなぜそれほどまでに「バウチャー制度」導入にこだわっているのでしょうか。あるいはバウチャー制度導入が市場原理徹底に対して、いったいどこまで有効だと考えているのでしょうか。この点に関して、一連の改革をリードしてきた政策ブレーンの一人である島田晴雄氏が次のように述べています。

「さらにそれを進めると、バウチャー制の導入が考えられる。たとえば幼児を持った全家庭に月二十万円のバウチャーが提供されると、利用者は自分のニーズに一番合ったタイプのサービスを提供してくれるところへバウチャー券を払う。すると、例えば延長保育をしない保育園には誰も行かなくなる可能性がある。ただ、これは大変な問題を生む。というのは、利用者のニーズをあまり考慮してなかったところにはお客がいかなくなり、淘汰されてしまうからである(9)」

つまり、市場原理と競争原理に基づきながら保育制度を運用していけば、サービスの提供者と利用者の関係が市場の論理で動いていき、結果的に市場のニーズに応えないところは淘汰されていくことになるという論理なのですが、ここには子どもの視点を重視する思想はいっさい存在していません。

いやそれどころか、ここには保育・幼児教育に携わる施設が、そもそも子どもにとってどんな施設でなければならないかという視点も存在していないのです。そこにあるのはただ、経済発展にとって保育所・幼稚園といった保育施設がどのような役割・機能を果たしていくかという視点だけなのです。

がいずれにしてもこうした一連の動きを見ていると、二宮氏が「民営化↓営利化↓イコール・フッティング化↓規制緩和プラス利用者補助金制度↓保育の劣化」と図式的に整理する九〇年代以降の保育・幼児教育制度改革が、いよいよ最終段階のシナリオに入りつつあることは確かなようです。そしてこうした流れの中で、最後に指摘されている「保育の劣化」が確実に起こることを予測できるのに、その問題を議論の出発点にすることができないでいる点に、おそらく保育者たちの抱える最大のジレンマが存在しているのだろうと思います。

7 保育サービスの受益者は親なのか子どもなのか

おそらく最大の問題は、以上見てきた保育制度改革論の中心的な課題に、子どもの問題がいっさい位置づけられていない点にあると言えるでしょう。

いやそれどころか、積極的に展開される保育機能拡充政策と市場万能主義とを結合させた現代日本の保育制度改革に親たちが適応していく過程で、「親のニーズ」と「子どものニーズ」との間に深刻な矛盾が生じ始めているのです。そしてこの矛盾を埋める論理を見出すことができないまま制度改革が進められているため、「子どものニーズ」を代弁する制度改革要求がどこからも提示されないまま、親や行政といった「大人の論理」だけで改革が実行される事態が生じているのです。

たとえば、こうした「親の論理」と「子どもの論理」との分裂状況が、二〇世紀後半から二一世紀初頭の世紀転換期において、実は世界的に生じた一つの現象であることを問題にしているのが、ロンドン大学のピーター・モス氏等です。

たとえば氏は、福祉国家に陰りが見え始めた一九八〇年代半ば以降、ヨーロッパでも保育分野に「サービス」という言葉が意図的に使われるようになり、保育施設が市場の論理や商業主義にさらされるようになってきたと歴史を整理し、さらにそこで生じた問題を次のような言葉で紹介しているのです。

〈民営化と商品化〉という支配的な議論が、子どものために商品化されたサービスの消費者として両親をみなした結果、こうした構造によって引き起こされた疑問について、大いにその出口を見失わせる結果を生み出すことになってしまった。つまり、もし両親が消費者だというならば、そのサービスを利用し、実際に体験する子どもたちはいったいどん

な位置づけになるのかという疑問が……。(10)

この中でモス氏は、保育サービスの直接の提供者は保育者にあるが、サービスの受益者は、「消費者」としての両親と、「利用者」としての子どもという二重の構造をもつことになると分析し、そうした構造が引き起こす問題を、次の二点について指摘しているのです。

まず第一の問題ですが、これは「保育サービスへの接近が、その市場を利用する両親の能力に規定される」点です。両親の収入はもちろんのこと、子育てに関する知識や考え方の違いによって、子どもの育ちが差別化される危険性が生じる。つまり、「利用者」としての子どもの権利が、「消費者」としての親の選択で差別化される問題が生じるというのです。

そして二つ目に指摘する問題は、はたして「子どもたちの利益と両親の必要性は、いつも同じだと言えるのだろうか」という点です。こうした構造の中では、当然のことながら「消費者」としての両親の要求が重視され、やはり「利用者」としての子どもの権利は後景に追いやられることになります。そしてそうした議論の上に立って、氏は「消費者と利用者とを同義語として使うことを前提にした市場という概念は、はたして子どもを対象にしたサービスの適当なモデルになりうるのだろうか」と問題を投げかけているのです。

問題は、ここで「消費者」としての両親のほうに基軸をおくか、それとも「利用者」としての子どものほうに基軸をおくかで、保育実践の役割や保育者に課せられた責任が大きく変わることになる点にあります。

すでに何度も述べてきたとおり、幼稚園・保育所といった社会的保育施設の持つ機能には、「親のための機能」と「子どものための機能」という二つの側面があります。そして保育・幼児教育制度を考える時には、この二つの機能をどう位置づけるかという問題が何よりも重要な課題となるはずなのですが、一九九〇年代に始まる保育制度改革論が一貫して「親のための機能」に基づいて展開されてきたため、「子どものための機能」をどう組織するかということが常に二次的・副次的課題として位置づけられてきたことが問題なのです。

重要な点は、保育におけるこうした議論に拍車をかけてきたのが、保育という営みを「経済や市場の言語」として使用する「サービス」という語で表現し、「商品」の世界に閉じ込めようとしてきた行政の論理だったという点にあります。

8 保育機能拡充政策の中で広がる四つの矛盾

さて以上見てきたような経緯で、この国は二一世紀の幕開けとともにグローバリズム思想に基づく経済・労働制度改革路線と、市場原理万能主義に基づく行財政改革路線と、そして「待機児ゼロ作戦」と名づけられた保育機能拡充政策という三つの「構造改革」が同時進行する形で動いてきました。

もっとも、こうして展開された三つの「構造改革」が、最初から同時進行してきたかというとそれはそうではありませんでした。

改革の必要性が自覚されるようになってくるのは、いわゆる構造的不況期に突入する七〇年代半ばを過ぎる頃だったのですが、実際には経済・労働制度改革と政治・行政制度改革が八〇年代初頭から開始されていったのに対して、保育制度の改革が始められていったのは、それからちょうど十年遅れた九〇年代に入る頃だったということができます。

つまり、他の改革に比して「十年の遅れ」で保育制度改革は始められていったということなのですが、これはたんに時間の流れが十年ずれたというだけでなく、じっさいにはもっと大きな意味をもった「遅れ」だったと考えるべきなのです。

たとえば八〇年代の十年間、保育政策は「性別役割分業」政策と「家庭保育重視」型子育てモデルを基本に展開してきたわけで、これが女性を労働市場に送り出していくうえで大きなブレーキになっていたのです。もちろんその背景には、「日本型福祉国家論」に基づく福祉政策の存在もあるのですが、それと同時に「子育てにおける母親の役割」や「家庭教育」のありかたに関する保守的な思想が、「男女共同参画」型社会や「集団保育基調」型子育てモデルへの転換を阻んでいた点が重要なのです。

つまり、「生産力」を発展させるために経済・労働政策の転換が必至だという認識が存在する一方で、「生産関係」を維持し、家族・社会の秩序を維持していくためには「性別役割分業」の思想や「家庭教育重視」型子育てモデルに固執せざるをえないという矛盾の構造の中に当時の政策立案者が置かれていたということなのです。

しかしながらこうした矛盾の構造も、ポスト工業化社会に向けて社会全体が胎動し始める九〇年代になると、それまで制度改革にブレーキをかける役割を果たしてきた

「性別役割分業」の思想や「家庭教育重視」型子育てモデルへのこだわりから、政策立案者自身が自由になることが求められ、まさに「生産力」発展のために保育政策を展開することが要求されるようになっていったということなのです。

つまり、懸案だった女性労働力活用問題に政策の側からゴーサインが出ることになり、すべての分野で「構造改革」を実行する条件が整ったのが九〇年代だったというわけですが、実はそうやってすべてが動き出す一九九〇年代半ば以降になると、子どもの生活・発達にもっとも深く関わる保育所・幼稚園の中に、矛盾が集中的に現れるようになってきたのです。そしてそうやって現れてきた矛盾を解決する方向こそが、二一世紀の保育・幼児教育政策のあるべき姿を指し示す視点となってくるはずなのです。

現在生じ始めている矛盾の第一は、保育機能拡充策として展開された九〇年代以降の保育制度改革が、徹底した市場主義に基づく政治・行政改革として展開されたことに起因します。つまり、それまでは「協力原理」に基づく人間関係を「公共政策」で支えていくことを基調に展開されてきた保育政策が、「市場原理」と「競争原理」に基づく政策へと転換させられていった結果、保育所・幼稚園における保育実践を、

「市場」の中で売り買いされる「商品」と同義にみなす傾向を産みだしてしまったのです。そしてその中、少しでも安価で便利な「商品」を売り出そうとすると、保育実践の場にかなり深刻なモラル・ハザードが生じることになっていくのです。

二つ目は、保育を利用する親たち自身の中に生じている矛盾です。

もちろん「利用しやすい」保育所ということを旗印に行政主導で進められた保育制度改革が九〇年代以降の改革だったわけですから、表面的には親のところで矛盾が深刻になるとは考えられません。女性が働くことを公に認め、必要なだけ保育所を利用する権利が親にはあるのだと行政が積極的に語ってくれるわけですから、親の利益と行政の施策とはぴったりかみ合うはずなのです。

しかしながら、こうした施策が進めば進むほど、親たちの間にも深刻な矛盾が広がっていくのです。

その理由は、何といっても保育制度改革に並行して進められた「男女共働き」政策が、じっさいには男女ともに熾烈な競争を要求する不安定労働社会として構築されていった点にあります。そしてこのことが結果的に、「働く親」であることと「子育てする親」であることとの間で、深刻な矛盾を生み出しているのです。

しかしながら、何よりも深刻な矛盾を抱えるのは、乳児の段階から長時間保育を余儀なくされる子どもの中に生じる矛盾です。そしてこれが、まさに第三の矛盾を構成するのですが、家庭の中で矛盾を抱えた親に育てられ、集団保育の場も矛盾を抱えた環境だというのですから、これでは六歳までの人間的育ちにさまざまな問題が生じてしまうことも否定できません。これらはすべて、「子どもの発達を保障する場」として組織されるはずの保育政策において、「子どもへの責任」をどう果たすかという問題を不問にしたまま改革を推し進めた結果生みだされたことなのですが、子どもを育てる場で子どもが育たないという矛盾が生じつつある点が深刻です。

さて、以上三つの矛盾のすべてと向き合い、そこで生じる矛盾のすべてを解決することが要求されているのが保育者たちです。そしてそれ故に保育者たちは、まさに矛盾の坩堝《るつぼ》の中におかれることになるのです。

保育者の中で生じる矛盾は、保育所の（幼稚園も含めて）「託児機能」が一面的に強調され、「教育機能」が軽視されることにまず起因します。週五日、一日八時間の労働で、週六日、一日十二時間の保育が要求されます。待機児解消のためということで定員二五パーセントを超える入所まで要求されます。保育室が足りなくても子どもたちは入ってきます。そして親たちはといえば、朝食抜きで子どもを保育所につれてくるかと思えば、休祭日も保育してほしいと要求してくる……。

とまあこんな感じで保育者の悩みは増加していくのですが、増加する仕事の困難さに反比例する形で、保育者の専門性は軽視されていくのだからたまったものではありません。こうして保育者の中に生みだされてくる矛盾が、第四の矛盾です。

さてそれでは、こうした矛盾から脱却する道はどこにあるのかという問題ですが、それは何といっても、「子どもの論理」を第一義にすべての改革議論を見直してみる点にあるだろうと思います。つまり「子どものために」保育施設が存在しているとしたら、保育所・幼稚園はどんな施設として組織される必要があるのか、親と子どもが共有する時間と関係はどのように社会的保障を実現していくのか、そしてこうした関係に、行政はどのような形で責任をとっていくのかという問題が、トータルに議論される必要があるのです。

そうです。問い直されるべきは私たち大人の「子どもへの責任」の取り方にほかならないのです。

第四章　子育て支援政策の光と影

●1 課題としての子育て支援

一九九〇年以降の保育・幼児教育制度改革を考える時、あと一つ、どうしても避けて通ることのできない問題があります。深刻化する子育て不安の問題と、それへの対応を企画して政策化された「子育て支援政策」に関わる問題です。

すでに本書の中で検討してきたように、九〇年以降展開されてきた保育機能拡充政策は、工業化社会からポスト工業化社会へと脱皮を図ろうとする日本社会が、「男性稼ぎ主」型社会から「男女共働き」型社会への転換を余儀なくされる中、社会全体で「保育の社会化」を進めた点を特徴としていました。

それは「子どもの論理」というより、むしろ「大人の論理」に従って進められた制度改革だったのですが、より正確に言うとそれは、「社会・経済の論理（要求）」に規定されながら親たちの生き方がデザインされ、そこで生じる諸々の矛盾を調整する役割を保育・幼児教育制度が担わされる形で政策化されていったものにほかなりませんでした。

ところが「子育て支援政策」に関して言えば、こうして政治・経済の論理に牽引されながら展開された一連の政策とは、少し趣を異にしていることが分かります。それは深刻化する子育て問題に対して社会全体が対応する必要性の自覚から政策化されたもので、ある意味で「純粋に」社会政策として提起されたものだったと考えることができるのです。

実際、育児ノイローゼ、育児不安、公園デビュー、公園ジプシー、そして幼児虐待と、九〇年以降に展開した子育て問題は、もはや個人の努力だけでは解決できない所まで深刻化してしまいました。そしてそうした現実への対応を、社会全体の課題として誰もが認識せざるをえない状況に追い込まれてしまったのです。

たとえば二〇〇二年二月二十四日に埼玉県で起きた虐待死事件を、以前『週刊新潮』が「二歳長女殺し母親が書き遺した『虐待日記』いじめの目録」というショッキングなタイトルとともに報じたことがありましたが[1]、これなどもそうした深刻な現実を反映した「事件」の一つでした。

「頭部や顔面への殴打に始まり、日を追ってエスカレートしていった両親の虐待。その結果、二歳の長女が顔一面を紫色に腫らせ死に至ったのは今年二月下旬のことだった。若い夫婦は、いかにして我が子を殺すことになってしまったのか。二十四歳の母親は、その間、克明な『虐待日記』を書き遺していた」

もちろん、書かれた記事の内容をもって事件の真相とすることは控えなければなりませんし、出産直後から乳児院に預けていた子どもを引き取って半年後に起きた事件という、この事件の特殊性を無視して「今の親たちは」と語ることは控えなければなりません。

しかしながらそれでも、二歳の我が子を死に至らしめるまで書き続けたという母親の日記が、現代社会を生きる親子が抱える深刻な問題の一面を私たちに突きつけていることは、やはり否めない事実なのでしょう。

「ママに怒られふてくされ、ホッペをたたかれ大泣き。ホッペ（両方）に青たんが出来た。感情的になるの気をつけよう」

この日記の内容をみていると、子どもの中に育ち始めた自我の世界に親としてふりまわされながらも、それでもなんとか「いい関係」を作り直そうと努力する親の気持ちが素直に表現されていることがわかります。そしてこうした悩みそのものは、大なり小なりほとんどの親たちが抱えている、子育ての悩みに違いないのです。

もっともこの母親の場合は、子どもと気持ちを通わせることができないまま、こうした悩みを増幅させていくことになってしまうのです。そして毎日のように書き続ける日記の内容も、次第に次のようなものへと変化していったのだと言います。

「昨日あれだけ怒られても、また同じことをしてた。頭を叩いたら後頭部がへこんでぶよぶよになってしまった。まじで大丈夫かなー？　病院へ連れていけないし」

子育てに悩む葛藤の記録が、こうした内容に変わっていく背景に、この親が抱える特殊な問題が存在していることはたしかに否定できません。

しかしながらそれでは、これをこの親たちの特殊な事例として片づけてよいのかと言えば、やはりそれも間違いなのでしょう。個々の親が抱える特殊な問題の背景に、親たちの世代が抱える共通の問題が存在していることも、やはり見落とすわけにはいかないのです。私自身、こうした苦しみを抱える多くの人たちに出会ってきました。

●2 自分は親になっていいんでしょうか

たとえば次に紹介するのは、私が出会った一人の女性の事例です。彼女は、子育てに関する学習講座で私の話を二日間受講してくれたのですが、受講後に書いてもらった感想文を、次のような言葉で書き始めていたのです。

「先生の話を聞きにきた第一の理由は、『自分は親になってよいのか』確かめたかった点にあります。人間不信の私は、親になる資格はないのでしょうか。先生の講義の中で、『自分が幼く記憶がなくても、親からすりこみされているため同じ行動を起こしてしまう』という様な内容のお話があったと思いますが、その言葉は私には残酷でした。常に負の感情を持ち続けて生きてきたので、そういう子どもしか育てられないと思いました。自分が変わらないかぎり難しいと思いますが、変わることができるでしょうか」

実は彼女は、いわゆる深刻な家庭内暴力（ドメスティック・バイオレンス）の体験者で、幼い頃から父親の暴力とともに生きてきたのだと言います。そんな彼女が結婚し、親になる権利を手に入れた段階で、「心の底から楽しかった記憶はまったくなく、人間関係は煩わしいだけで、人との関係で心地よいと感じた記憶」のない自分には、果たして人の子の親になる権利があるのだろうかと、真剣に悩んでいるというのです。

彼女はレポートの中で何度も、「今までの経験から、私は人間不信だと思います」と繰り返し、「私は他者を受け入れるのにはかなりの時間がかか」るのだと書き、そして「そんな自分を変えたい」のだと記していました。

私は彼女の書いた文章を読みながら、ここまで懸命に親になることを考えている人なのだから、彼女は十分にその権利をもっていると思ったし、そんな彼女を励ましたい気持ちでいっぱいになったのですが、それでも実際に親になってみると、おそらくかなり大変な状況が続くのだろうとも考えていました。

自分探しの途中で、何度も迷子になりながら大人になってしまった彼女が、「育てられる者」として生きているうちに獲得できなかったもの、歪められたものが大きいだけに、家庭という閉じられた空間の中で、子どものために努力しようとすればするほど問題が深刻になってしまうことは、容易に予想できることでもあるのです。

もちろん彼女だけが特別だというわけではありません。

昼間はまったく普通の生活をしているのに、夜になると毎日のように過食とリストカットを繰り返しているという看護学生の場合も、また別の深刻さがあったことを覚えています。笑顔が自分のトレードマークという彼女は、自分自身のことを自ら記したレポートの中で次のように紹介してくれたのです。

「私は周りから見たらどこにでもいる二十一歳の普通の女性で、むしろ明るく社交的なタイプだと人からはよく言われる。新しい環境にもすぐに溶け込めるし、『いつもニコニコしてるね!』『笑顔がいいね!』という言葉が、どこへ行っても私に向けられた。『明るい』。この形容詞が私のすべてだった。そのおかげで私は、同年代のみならず親世代、あるいはさらに上の世代からも可愛がられた。いつの頃からか、私は笑うことに絶対的な安心を覚え、そして笑顔という仮面をかぶった人形になった。笑うことに特別な意味はなく、ただ笑ってさえいればそれだけでよかった。でも笑えば笑うだけ、私の心は音を立てて崩れていった。孤独、寂しさ、人間不信……。本当の感情をどこにも表出できず、周りから見た自分と本当の自分の違い……。それを知れば知るほど苦しくなって、心の許容範囲を超え、そして私は自分を傷つけた……」

誰の前でも明るくふるまっている裏側で、夜一人になると、絶えられないくらいの寂しさが襲ってきて、「衝動」でリストカットと自己嘔吐を繰り返してしまうのだと彼女は綴ります。そしてそのように綴った後に、唐突に「両親は良い人で、けっして家庭に問題があるわけではありません」と書いたりするのですが、そんな彼女の文章を読んでいると、「本当の自分」を求めて必死でもがきつつ、それでも出口が見出せないまま路頭に迷っている彼女の苦しさには、おそらく計り知れないものがあるのだろうと思わないではいられません。

じっさい彼女は、レポートの最後を次のような言葉でしめくくっていました。

「先生。私は幸せになりたくないんです。だって幸せになったら努力することをきっと忘れてしまうから。その状況に満足してしまうから……。だから、私は毎日が辛くていいんです。いつも頑張っていたいんです」

救いの手を厳しく拒絶する彼女の言葉が、救いを求める必死の叫びであることは私にも十分理解できます。そして彼女の苦しみのルーツが、親たちの願いに必死で応えようとしてきた彼女の人生そのものにあることを推察することも、それほど難しいことではありません。

たとえば精神科医の斉藤学氏は、こうした摂食障害に陥る子どもたちは、「親の期待を誘ってしまうほどの頑張りやという強い面を持ちながら、親の期待に過度に気を遣う弱さを持った『よい子』なの(2)」だと指摘していますが、彼女の場合もまさに典型的な「よい子」だったに違いありません。

「よい子」といえば、もう少し違うケースもあります。

これは女性ではなく男子学生の場合なのですが、「気がつくと勉強以外のことをいっさい排除し、否定しながら生きている自分になってい」たと言うこの学生は、目的もなく大学に入学した最初の二年間、ほとんど大学に行かなかった自分を振り返って、次のように記してくれました。

「親の愛情が、子どもの立場からすると重荷になることが時としてあります。それは優しく、親のことを愛している子どもたち。『フツウの子ども』ほど大きいと感じます。高校時代の殻の中に閉じこもった自分も、やはり親の期待を裏切らないイイ子でした」

そして、そんなイイ子だった自分が、親の愛情に応えようとすればするほど、自分らしく生きることができなくなっていったのだと彼は述懐していますが、それでもそんな苦しい思いを、親にだけは話すことができないのだというのです。

おそらく「育てる者」として彼に向き合ってきた彼の両親は、自分の子育てを満足いくものと考えているに違いありません。そして、優しさとまじめさの裏側にある彼の苦悩を知らないまま、「育てられる者」として自分の前にいる彼のことを、未だに「ガンバレ」と励まし続けているに違いないのです。

大学で若い学生たちと向き合っていると、彼のような悩みを抱えた大学生が、男女の差を問わず増加しているように感じてしかたありません。

つまり、社会が準備した学校という価値に必死に適応しようと生きてきて、その価値への適応を後押ししてくれた親たちにも愛情を感じているのに、自分にとってかけがえのない大切な「何か」を育て忘れたような、そんな感覚の中で浮遊しているというのです。

そして彼らもまた、そうした過程を経て「育てられる者」から「育てる者」へと脱皮する年齢を迎えているということなのですが、そうした重いものを自分の中に抱えたまま、「育てる側」へと脱皮していくのは、正直言って困難なことなのでしょう。

●●●3 戦後家族が遭遇した家族機能の三つの変化

重要な点は、ここに紹介したような事例が、たんに個人的体験の結果もたらされているというよりむしろ、社会的・構造的に作り出されているという点にあります。いやもう少し正確に言うならそれは、社会的・構造的に作り出された自我形成の困難さの上にその後の個人的体験が折り重なって、結果的にかなり複雑な自我の構造をもった大人たちが、子育てをする過程で引き起こしているのが現代社会の「子育ての危機」なのです。

つまりこのことは、「自分が育ったように子どもを育てていけばいい」という形で受け継がれてきた「子育ての世代間伝達」が、社会的なレベルでも個人的なレベルでも困難になっていることを意味しているのですが、それは同時にそうやって失いかけている「子育ての世代間伝達」の仕組みを社会的に再生させる課題を、私たちに問いかけているということでもあるのです。

さてそれでは、これまで家族や地域の中に存在していた「子育ての世代間伝達」の機能は、歴史の中でどのように変化してきたというのでしょうか。そしてそのことが、「育てられる者」を「育てる者」へと移行・成熟させていくことに、いったいどのような負の要素をもたらしてきたと言うのでしょうか。[3]

たとえば日本において家族の機能が大きく変わっていくのは一九六〇年代に始まる高度経済成長期以降のことだといわれていますが、経済の発展に対応する形でこの時期、日本の家族は大きく三つの変化を経験することになるのです。

変化の第一は、拡大する学歴社会・学校化社会に対応する形で、学校的価値に子どもを順応させることを重要視する、「教育家族」と呼ばれる家族を誕生させたことにあります。第二の変化は、国家経済を発展させる観点から、夫が外で働き、妻が専業主婦という、性別役割分業に基づく核家族の姿が「標準的家族モデル」として提示され、そうしたモデルに向かって意識改革が行なわれた点です。そして第三の変化は、これら二つの変化に連動する形で、物質的な豊かさを共有することに家族の価値がおかれるようになり、かつては「生産の拠点」として機能していた家族が、「消費の拠点」と化していった点にあるといえます。

たとえば最初に示した「教育家族」への変容に関して言えば、この背景には当然のことながら社会全体が学歴社会・学校化社会へと変容していった現実があるわけです。一九五五年の段階で五二パーセントだった高校進学率は一九七〇年代半ばには九五パーセントにまで上昇していますし、一九五五年の段階でわずか一〇パーセントだった大学進学率は短大も入れると五〇パーセント近い若者が進学するまでに上昇してきたのです。そしてそれに対応する形で、「学校化社会」と「教育家族」が生み出されていったわけです。

こうした時代の変化については、教育学者の堀尾輝久氏が次のように整理している点が参考になります。

「一九六〇年代以降『経済と教育』『能力と競争』という思考軸が一般社会の中で大きな比重を占めるようになり、学校制度は、人材選抜機構としてフル回転しはじめる七〇年代後半以降、社会が学校的価値＝偏差値序列を重くみる風潮の中で、社会全体が学校化し、いわゆる『学校化社会』が展開していく。それは家族のあり方を大きく規定することになっていく。

かつては、生産の単位であった家族は、その社会的機能を縮小し、子産み、子育ての機能を中心に純化し、現在では幼児期から教育競争を意識する『教育家族』を生み出しており、逆にその教育機能を低下させている[4]」

もちろんここで「教育家族」の要として期待されたのが母親だったわけですが、家庭内の電化が進み、家事が省力化されてくるにともない、母親の関心は急速に子どもの教育の問題へと移行していくことになるのです。そしてこのようにして、父親は経済的豊かさを求めて「企業戦士」として働き、子どもはより高い学歴を目指す「勉強する人」となり、そして母親は、その夫と子どもの「幸福」を下から支える役割を「専業主婦」として担っていくという形で、三者の役割をうまく機能させあう家族システムが構築されていったということなのです。

4 戦後家族第三世代の矛盾と葛藤

しかしながら、高度経済成長期にはうまく機能するかに見えたこのシステムも、時代の変化とともに機能不全に陥るようになっていき、そしてやがて、逆に矛盾を増幅させるシステムへと転化することになっていったのです。

たしかに最初は、愛情に基づいて形成される新しい家族像は、多くの人たちにとって魅力的な要素をもっていたのです。何といってもすべてが右肩上がりの時代でした。頑張れば生活は豊かになるし、頑張れば誰でも上の学校へ行くことができるし、たとえその過程で失敗を経験しても、失敗した子どもを励ます母親の役回りにけっこう達成感があったというのがこの時代だったのです。

たとえば、この時期の親たちのことを落合恵美子氏は「移行期世代」と呼んでいますが[5]、この時期の親たちは自分を超えて新しい世界を生きていく子どもを、誇らしいという眼差しで見つめていましたし、子どもは子どもでそうやって親を超えていくことに誇りを感じながら生きることが許されていたのがこの時代だったのです。

ところが、そうやって育ってきた世代(移行期第二世代)が大人になる頃(一九七〇年代)には、経済は低成長期に入り、学歴・学校歴はそろそろ飽和状態になっていくのです。学校化社会を構成する学校は、「閉じられた競争」の場として子どもたちの前に立ちふさがり、愛情をベースにした「閉じられた空間」としての家庭は、子どもにとっても親にとっても、次第に息苦しい場になっていくのです。子どもたちにしてみれば、いくら頑張っても今以上に良い生活は手に入れられそうにないし、ましてや親を超える見通しを持つこともできないのです。しかしながら親は、それでも「頑張ればうまくいく」と子どもたちを励まし続けていくのですから、しだいに子どもたちは苦しくなっていくのです。

学校で展開される「閉じられた競争」は偏差値という価値を生み出し、学業成績とそこで付けられた順位が自分を値踏みする数字のように子どもにのしかかっていき、親の励ましに応えたくても応えきれない自分が情けなくなってくるのです。そして親は親で、成績が上がらない子どもたちを責めるようになっていくのです。

しかしながらそれでは、学校化社会に順応し、親の励ましにも上手に応えてきた人たちが幸福の切符を手に入れることができたかというと、それはそれで単純な話ではありません。学校の中でも、親の前でも頑張って生きようとする子どもたちが、頑張れば頑張るほど苦しみの中に置かれてしまう状況が作り出されてきたのです。つまりそうした子どもたちが、先に示したような摂食障害に陥る「よい子」たちになったりしたのです。

いや、たとえ何も問題なく青年期まで育ったとしても、彼らがすんなりと「育てる者」へと移行することができるかと言うと、それはそんなにかんたんな話ではありません。社会が準備してくれた道を歩き続けることと、そこを自分らしく生きることの矛盾に、彼らは悩み始めていくのです。そしてこうした悩みは、特に女性たちにとって大きな悩みとなっていくのですが、学校というシステムが教えてくれる「社会の中で生きる道」と、母親たちが生きてきた「子どものために生きる道」とを、自分の中でどのように統一させることができるのか、かなり深刻なジレンマに置かれることになっていくのです。

そしてそうやって育ってきた人たちが、今度は親の世代になってきたのです。つまり学校化社会を生きる過程で傷を受け、「教育家族」を支配する愛情とのつきあいに疲れ果て、「育てる者」へと育ってきたプロセスで獲得した自分の姿に自信が持てず、しかしながらそれにしかすがることができないでいる、そんな複雑な思いをもちながら戦後家族「第三世代」の子育てが始まっていったのが、一九八〇年代後半のことだったのです。

●●●●●5 親と子どもの「自分探し」と「自分づくり」

しかしながら、問題はここでは終わるわけではありません。いざ親になってみると今度は、もう一つ大切なものを育ててこなかった自分に気づくことになっていくのです。つまり、愛すべき自分の子どもとうまく気持ちを通わすことができないという現実に、彼らは直面することになっていくのです。

乳児期の夜泣きを何とか乗り切ったかと思えば、子どもが一歳半から二歳頃になると、そこで遭遇する強烈な自己主張と、それが否定された時のダダこねに、親のほうが泣きたい気持ちになっていき、「赤ん坊」のように甘える四歳五歳の子どもの姿に腹が立ってしまったり、あげくのはてに忙しいときに限って「ネエネエ」と言ってくる我が子を「聞き分けのない子だ」と叱ってみたりと……。そのうち可愛いはずの子どもが憎たらしくみえてきたり、楽しいはずの子育てが辛くてしかたないものになってきたりと、親としての自分の能力のなさに自己嫌悪に陥りながら、それでもやっぱり子どもを叱るしか術のない自分に悲しくなってくるのです。

問題が深刻なのは、親たちがこうした悩みを抱えながら子育てをしているうちに、子どものほうが深刻な発達上の問題を抱えてしまう点にあります。

たとえば私自身の問題で言えば、ちょうど保育・幼児教育制度改革が開始された一九九〇年代に入る頃から、これまでとは違った悩みや相談を全国の保育者から聞かされるようになってきました。悩みとして相談を受ける中で圧倒的に多かったのが、何といっても親との対応に関するものだったのですが、それと同時に、これまでの常識ではとらえきれない「扱いの難しい子ども」に関する相談が、一九九〇年代に入る頃から急に増えるようになってきたのです。

保育者とも、他の子どもたちともうまくコミュニケーションの取れない子どもがクラスにいて、そうした子どもに振り回されているうちにクラス全体がイライラした雰囲気になっていき、仲間と一緒に生きているという実感がもてないまま卒園させてしまうのだと保育者たちは語るのです。
四、五歳児クラスでかなり深刻な事例が出てくる点と、全国規模で同様の問題が指摘されている点が私としては不可解で、問題とされる子どもたちに直接会ったり、保育者の話を聞いて回ったのですが、その内に私は、どうもこの子たちが抱える問題の本質は、四歳半を過ぎる頃に子どものものになってくる「自己内対話能力」がうまく形成されていない点にあるのではなかろうかと考えるようになってきたのです[6]。
こうした子どもたちは、概して人との間で作られる同調的・共感的関係を作ることが苦手な場合が多いのですが、もちろんそれは、彼らを育てた親たち自身が、すでにそうした関係を作ることが苦手な状況で親となり、そんな状態のまま子どもの成長に寄り添わざるをえなかった事実と無関係ではありません。

つまり、親自身が「自分づくり」の過程でうまく獲得できなかったものが、すでに幼児期の育ちの中に再生産されているということなのですが、だからといって親を責めても始まらないことは当然です。それよりも重要なことは、彼らが親になった段階から、子どもが人間に育っていく道筋を共有する場を、社会的に保障していく点にあるのです。

6 子育て支援政策の展開

以上のような状況に対応するため政策化されていったのが子育て支援事業でした。じっさい幼稚園・保育所の基本機能として「親支援」「地域子育て支援」が位置づけられるようになりましたし、これらの仕事に取り組むことが保育者の任務の一つとして位置づけられるようになったことも事実です。

いやそれだけでなく、地域の子育てニーズに応えていくため、地域子育て支援センター事業、一時的保育事業、ファミリー・サポート・センター事業、「つどいの広場」といった取り組みに、全国の保育関係者が果敢に挑戦し始め、多様な取り組みが展開されてきたことも確かなのです。

しかしながらそれでも、こうした取り組みをはるかに越える勢いで子育てに関する問題が進行し、深刻さの度を深めていくため、とられる対応が常に後手にまわっている感はぬぐえません。

もちろんこの問題は、気づいた人から実行していくことが重要なので、そうした実践を積み重ねていく努力は、可能なところから開始していく必要があるのです。

それよりもここで問い直される必要があるのは政策を作る側の問題で、個々に取り組まれるこうした実践を、保育・幼児教育政策の全体構造にどう位置づけていくかということが、国と自治体の担当者には鋭く問われているのです。

たとえば「次世代育成支援対策推進法」に基づいて自治体・事業主に要求された「行動計画」の策定なども、「視点」としてはかなり重要な問題が提起されていると考えられます。全国厚生労働関係部局長会議の席で行なわれた、二〇〇四年度の「地域子育て支援事業」に関する政策統括官の説明です。


このうち、地域における子育て支援事業については、改正児童福祉法における子育て支援事業の法定化等を踏まえ、具体的には、
(ア) 子育て中の親子が気軽に集い、相談・交流できる「つどいの広場」の身近な場所での設置を推進するため、①個所数の大幅増（八十五ヵ所→五百ヵ所）②補助率を1／3から1／2に引上げ、③従来、開設から三年までの補助としていた年数制限の廃止

（イ）病気回復期にある児童を保育所、病院等において一時的に預かる等の病後児保育の拡充（四百二十五市町村→五百市町村）

（ウ）出産後間もない時期にさまざまな原因で養育が困難になっている家庭に対して、子育てOBによる育児・家事の援助や、保健師、保育士等の専門職による具体的な育児に関する技術支援を行う「育児支援家庭訪問支援事業」の創設（九百五十七市町村）

（エ）市町村ごとに「育児支援総合コーディネーター」を配置して、各種子育て支援事業に関する情報の収集・提供、ケースマネージメント及び利用援助等の支援を行う「子育て支援総合コーディネート事業」について、個所数の大幅増（二百五十市町村→五百市町村）を図るとともに、市町村における新たな子育て支援事業の導入を支援するための経費を追加するなど、市町村における基盤整備を促進

（オ）全国的な子育て支援政策の取組の強化に資するために、先進的・総合的に子育て支援の取組を推進する市町村をモデル自治体として指定し、個別事業の優先選択を行うとともに、事業を推進するための計画策定、普及啓発セミナーの開催及び取り組み事例集の作成に必要な経費に関する補助を行う「子育て支援総合推進モデル市町村事業」の創設

など、子育て支援事業として総額百十一億円（平成十五年度：四十三億円）を計上し、更なる推進を図ることにしているので、特に都道府県におかれては、市町村の要望等を十分踏まえ、予算化に務めていただくようお願いしたい。

また、ファミリー・サポート・センター事業については、都市部を中心にニーズが高まっており、これを受け、平成十六年度予算案においても十九億六千万円を計上し、設置か所数も三十ヵ所増の三百八十五ヵ所とし、設置促進を図ることとしている。

ここに列挙された施策に意味がないとは私だって思いません。いやそれどころか、もしもこれらの施策が全国津々浦々余すことなく展開されるなら、子育てに関する状況は改善に向かって一歩踏み出すことになるのだろうと思います。

しかしながらそれでも、こうして語られる説明と、実際に各市町村で展開される子育て支援政策の間にある、埋めようのないギャップをどう考えればいいのか、不安な気持ちになってくるのも事実なのです。いやそれよりも、こうした国の施策が、三位一体改革という名の下に、これまで全国の公立保育所の運営を支えるために出されていた保育所運営費千六百六十一億円全額の一般財源化とセットで提出されている点に、むしろ大きな危惧を感じてしまうのです。

つまり、本家本元の公的保育施設を競争と市場原理に支配された世界に引っ張っていきながら、そこで浮いたお金の一部を「子育て支援事業」に使っているのですが、これではやはり、子どもと親とを支える政策としては極めて不十分なものと言わざるをえません。もしも国が本気でこうした施策を考えているならば、まず幼稚園・保育所といった公的保育施設を高いレベルで安定的に運営できる条件を保障し、それにあわせて幼稚園・保育所の二倍くらいの量の「子育て支援センター」を、家から歩いていける範囲で設置する程度の予算措置を講じなければなりません。そして提案された「育児支援総合コーディネーター」を専門職として配置し、その養成システムから専門職として生きるための制度的保障まで、総合的な計画を立案すべきなのです。

7　子育て支援政策の二重構造

しかしながら問題は、なかなかそういう形で政策が展開していかない点にあるのです。そしてその原因は、どうも「子育て支援政策」の構造的矛盾を反映している感じなのです。

実はこの「子育て支援政策」ですが、通常はこれまで紹介してきたような、子育てに悩む親を支える政策として理解されることが多いのですが、九〇年代以降展開されてきた保育所における一連の保育機能拡充政策も、広い意味で「子育て支援政策」として認識され、実施されてきたのです。「子育てと仕事の両立支援」と呼ばれるこれらの施策は、働く親たちにとって最上の「子育て支援」になると考えれば、たしかに保育機能拡充政策も「子育て支援政策」の一貫として展開されていることがわかります。

ところがこの二つの「子育て支援政策」を、どのように構造化するかということで、意味するものは完全に異なったものになってくるのです。つまり保育機能拡充政策を基礎にして保育・幼児教育政策を展開し、その上に狭義の「子育て支援政策」を上乗せする二階建構造の政策と、その逆の場合とでは、かなり質の違った「子育て支援」の構造が作られるということなのです。

たとえば前者の場合、何よりも重視されるのは「子育てと仕事の両立」という点にあるのですが、これまで見てきたように、ここで展開されている政策はすべて、多様化する親たちの労働要求に応えていくことを第一義に考えるものであり、実質的にそれは両親の労働強化を図り家族の機能を弱めながら、そこで生じる矛盾を回避するために「子育て支援」の実践を必要とする、そんな構造をもつものだったのです。

つまり、乳幼児の子育てをめぐる「危機」的状況が、かくのごとく深刻な形で進行しているにもかかわらず、じっさいにはそれへの対応よりもむしろ、「男女共働き」政策へと転換した労働政策に引っ張られる形で、女性たちを労働市場に引き出す保育機能拡充政策を優先する政策が基調になっているということなのです。たしかに親たちは働きやすくなるのですが、それと同時に長時間労働を強いられる親たちの疲労は増大し、子どもと過ごす時間は減少します。そしてその結果、「働く人として生きること」と「親として生きること」との分裂状態をますます深刻化させることになってしまうのです。そして、そうやって保育機能拡充政策によって増幅させられた子育て不安状況を何とか修復する目的で「子育て支援政策」が展開される構造が、まさに現在展開されている子育て支援政策の現実なのです。

こうした関係を整理したのが図11です。保育機能拡充政策を基底に、左側に「働く人として生きる」親の困難と支援の現実を、右側に「親として生きる」親の困難とそ

図11　子育て支援の二重構造

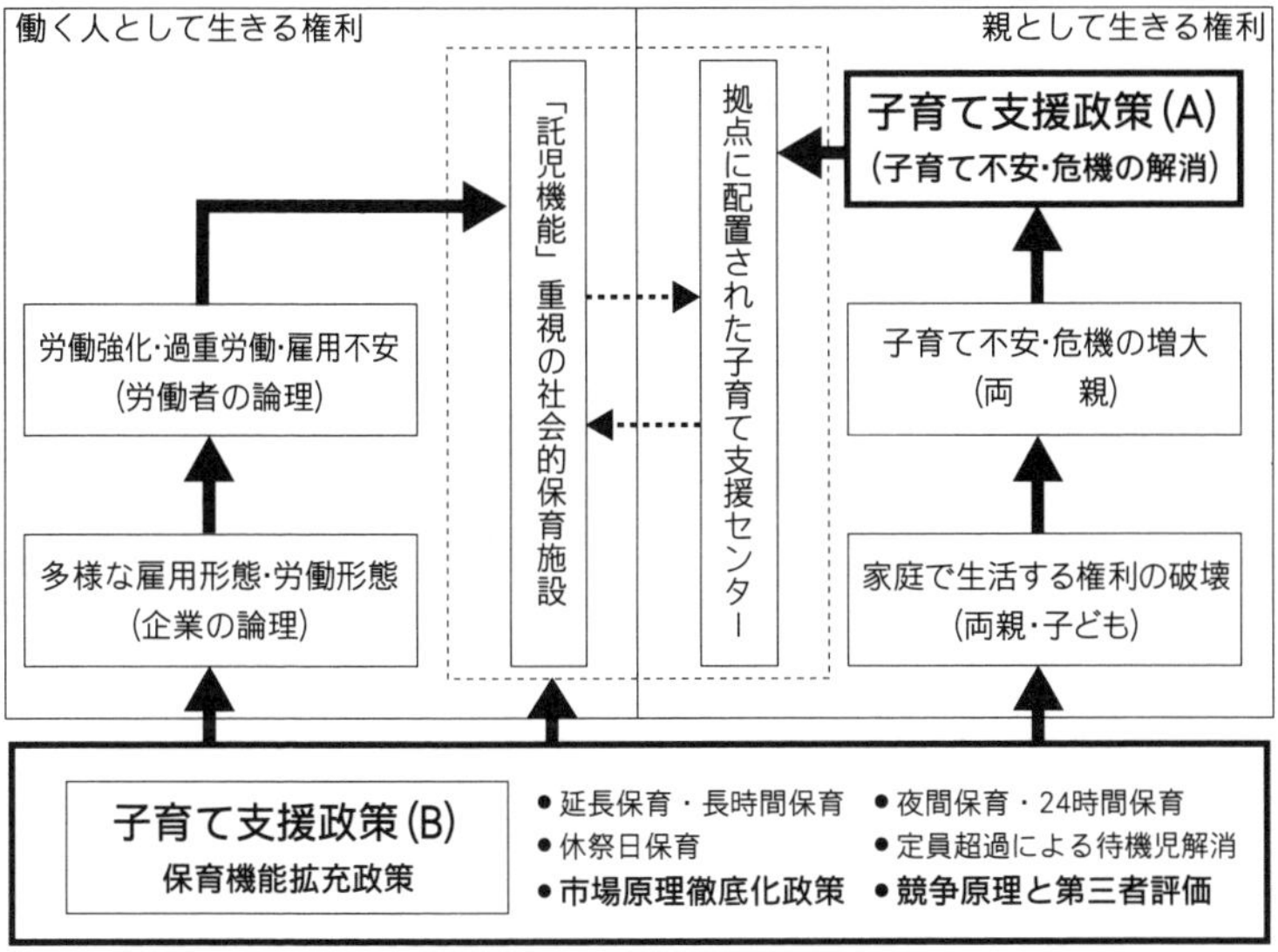

れに対する支援の姿をまとめてあります。

しかしながら図をみると分かるように、これでは右手で頬を殴り、左手で頭をなでてなだめるようなもので、こうした二重構造で展開される「子育て支援政策」が、育児不安や幼児虐待問題に対する根本的解決につながるとはとうてい考えられません。国を始めとする行政担当者が、もしも本気で「子育て支援」を展開しようとするならば、やはりここは働く親たちの労働時間を大幅に削減し、両親そろって家庭で子どもを育てる権利を親たちに保障する政策とセットで提示すべきなのでしょう。

そうなのです。こうした「子育て支援政策」の矛盾を解決する道は、「子育て支援政策」の二重構造を、まったく逆の発想で描き直してみることにあるのです。つまり、子どもと親とが幸福に生活する権利を基礎に政策を作っていくのです。そしてその上に、子育て機能の一部を代替するシステムとして幼稚園・保育所といった公的保育施設の役割を「子どもが集団生活を通して発達する権利を保障する」という一点に特化する政策へと転換していくのです。

すると政策のイメージは、まず親が子どもを産んだ段階から、ゆっくりと親へと育っていくことを政策の基本にすえることになりますから、まず実施されるのが子育て中の親たちの労働時間を制限する施策でしょう。六歳までの子どもを持つ両親は、六時間以上働かせてはならないという法律が作られ、その分の給料保障を社会的に担っていくシステムが構築されるでしょう。そして子どもが生まれたら、母親の出産休暇制度に加えて、男性にも二週間程度の「新生児期子育て休暇」が義務づけられることになるでしょう。一生の内、三人子どもが誕生してもわずか六週間ですから、これくら

図12　「子育て支援社会」の子育て支援

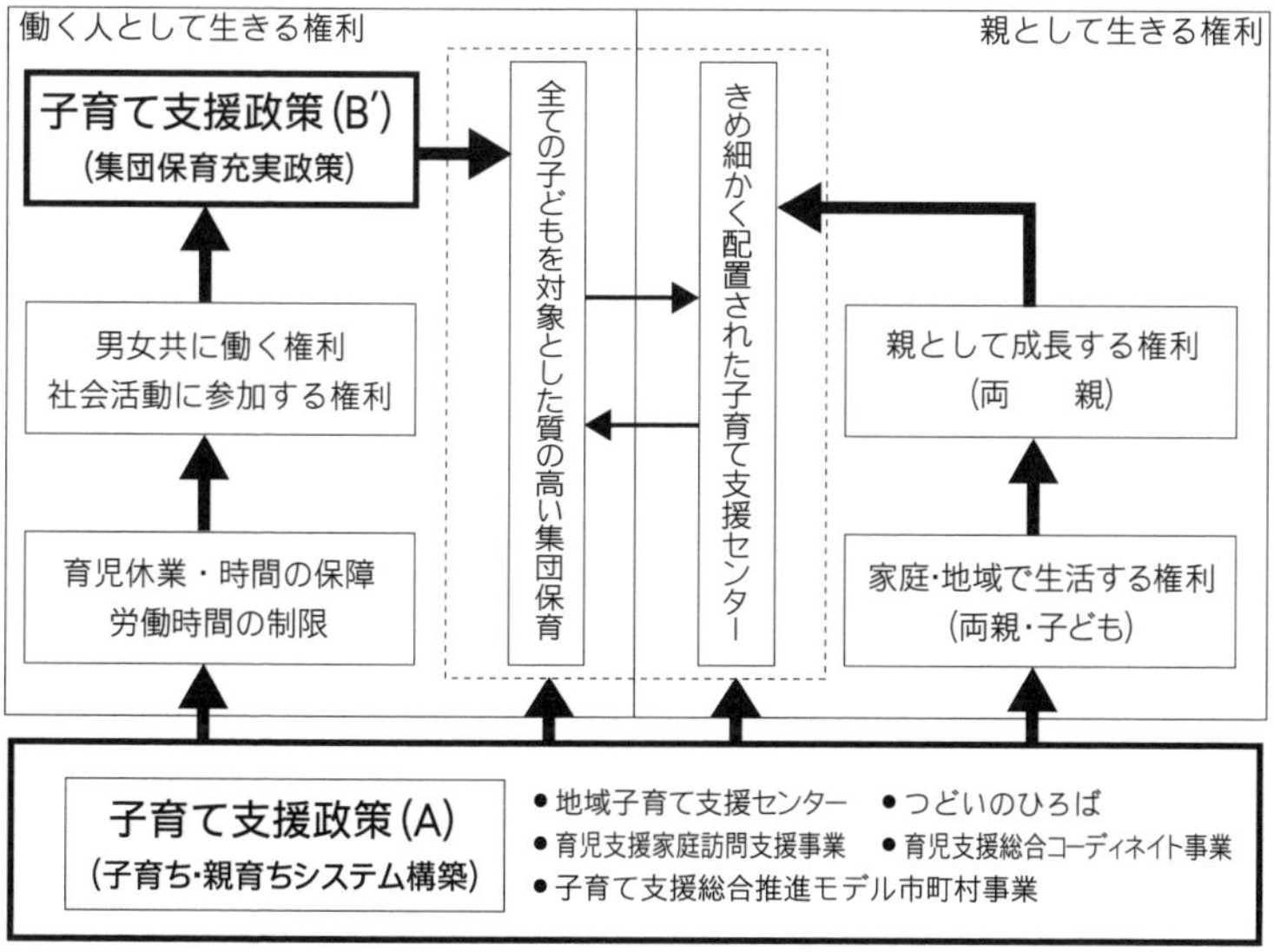

いの休暇を保障する余裕は日本の企業だってもっているはずなのです。もちろんこれは社会的に義務づけられますから、その間の休業保障は公的機関が責任もって実施することになるのです。

いや、それだけではありません。両親にたっぷり時間を保障する一方で、両親がともに利用する「子育て支援センター」がきめこまやかに配置され、そこには親を支える専門家が常駐しているのです。そしてそれに加えて、子どもたちが集団保育の中で成長するために設置された、七時間程度の保育を基本とし九時間を上限とするような、小規模園を数多く設置していくのです。

以上の関係をまとめたのが図12ですが、こうした施策を総合的に政策化していく仕事を自治体が担い、財政的に保障していく仕事を国が担っていく、そうした子どもへの責任の取り方が、今「子育て支援」という形で私たちの社会に問い直されているということなのです。

第五章　新時代を創造する保育の公共性をデザインする

●1 「市場原理」VS「公共原理」の図式の中で

さてそれでは、「子どもの論理」を起点に保育・幼児教育制度をデザインしていくことが、はたしてこの国で実現可能なのかという問題に入っていくことにします。

もちろん私自身は、それは十分に可能だと考えていますし、今そうした方向に政策をシフトさせていかないと、それこそ取り返しがつかないことになると考えていることも事実です。

ただしその道は、私たちにとってかなり厳しい道のりになると思われますし、そのために乗り越えなければならない新たな課題があることもたしかです。

乗り越えなければならない「新たな課題」の第一は、保育・幼児教育制度の基盤を形成する「保育の公共性」を、新しい形で構築し直す点にあります。

すでに何度か検討してきたように、今、日本の保育・幼児教育制度をめぐる争点の一つが、保育社会化の流れを、徹底した「市場原理」で展開していくのか、それとも「公共原理」で組織し直していくのかという点にあることは、おそらく誰もが認めることなのだろうと思います。つまり、「市場原理」ＶＳ「公共原理」という対立の構図の中で、私たちがどの立場から保育社会化の姿をデザインしていくのかという点が問われているのです。

たとえば前者の立場は、親の「保育所・幼稚園選択権」を基本に「利用者主権」の視点から保育社会化を促進していくのだと主張します。そしてその際、バウチャー制度を含めた「市場原理」の徹底は、多様化する保育需要に機敏に対応していく切り札になっていくのだと言うのです。

これに対して後者の立場は、「保育の平等性」を基本に、どこでも誰でも同じ質の保育を受ける権利を主張していくのです。保育に対する国の責任、自治体の責任には重いものがあり、「民営化」と「規制緩和」という言葉とともに進められる「市場原理」徹底化政策は、保育の公的責任を放棄することになっていくと……。

問題が深刻なのはこの場合、「市場原理」徹底化政策を打ち出していく国や自治体の立場と親たちのニーズとが、微妙なズレをもちながらも、実際にはかなり接近している事実にあります。「市場原理」に抵抗を感じない親の世代が、画一的なサービスをイメージさせる「公的保育」よりも、「幼稚園・保育所選択権」を基礎にした「保育サービス」のほうに、むしろ親近感を感じてしまう現実が生み出されてきたのです。

そしてその結果、「保育の公共性」を主張する立場から発言するのは保育者のみとなり、知らない内に〔行政＋親〕ＶＳ〔保育者〕という対立の構図が形成されてしまった点が問題なのです。子育てのパートナーとしてもっとも深い信頼を形成する必要のある親と保育者の間に、「保育の公共性」をめぐって容易に分かり合えない関係が作られてしまうことは、やはり大きな問題だといわなければならないでしょう。

なぜなら、こうした議論の中で何よりも優先的に議論すべき「子どもの論理」が、ここでもやはり、どこかに追いやられてしまっているからです。

子どもたちの発達にとって、「規制緩和」を推し進め、定員オーバーでも保育所に入所させることがいいことなのか、「市場原理」を徹底させて親たちに選ばれるよう競争させていくことが最善の道なのかといった議論がていねいにされないまま、親のニーズと行政の都合で保育・幼児教育制度のあるべき姿がデザインされている点は、やはり看過することのできない重要な問題なのです。

●●2 三種類に類型化される保育の公共性

もっとも、こうして対立の構図として浮かび上がっているかに見える「公共原理」と「市場原理」の関係に関しては、もう少していねいな議論を展開していく必要があります。

つまり、「市場」という形の「公共」が存在すると考えていけば、「市場原理」に基づく保育・幼児教育制度も「公共原理」の一形態と考えることができるわけで、そのあたりの問題をどう考えるかという点について検討する必要があるのです。

たとえばこれまで保育・幼児教育制度といえば、それが「公共原理」に基づいて運営されることは当然の前提と考えられてきました。言いかえれば保育が公的に行なわれていくことは自明のことだったわけですが、その場合、保育の「公共性」を成立させる条件として、次の四つの要素を保育・幼児教育制度が兼ね備えていることが必要だと考えられてきました。

① 設置主体の「公共性」（公立、法人立を基本とする）
② 施設設備の「公共性」（設置基準・最低基準の遵守）
③ 実践主体の「公共性」（専門家による保育実践）
④ 保育財政の「公共性」（公費負担による運営）

つまり、責任ある「公的」な設置主体が（①）、保育の質を保障するための施設設備の基準を守りながら（②）、資格を持った保育の「専門家」に実践を委託し（③）、公費（税金）負担を原則に園が運営されていく（④）といった四つの内容を兼ね備えることを、保育が「公共的」であることの条件として考えてきたわけです。

ところがこうやって大切にしてきた四つの条件を、「規制緩和」と「構造改革」の名の下にことごとく切り下げる形で展開していったのが九〇年代以降の制度改革の現実でした。そしてそのかぎりではたしかに、九〇年代以降の保育制度改革の流れを「市場原理」と「公共原理」との対立の構図として描き出すことに、それなりの根拠があることは事実なのです。

しかしながらその一方で、現在「市場原理」という形で提起されている制度改革の議論を、実は「市場」という名の「公共性」確立に向けた動きとして読むこともできるわけです。すなわち上記四つの条件を兼ね備えることを前提に展開される「公共性」に対して、「市場」という名の「公共性」が提案されていると読むならば、それは「公共原理」VS「市場原理」という図式ではなく、二種類の「公共性（原理）」として構造的に理解するほうが、むしろ正確な議論につながっていくのではないかということなのです。

何といっても、こうした「市場」という名の「公共性」を、「利用者」である親たちが積極的に評価する雰囲気が保育界を覆っているのが現実なのです。これを「市場原理」だからという理由で単純に切り捨ててしまうことは、逆に「市場原理」を批判する議論を脆弱にしてしまうだけでなく、「公共原理」そのものを平板で魅力のないものにしてしまうことになると私自身は考えているのです。

たとえば、これまで「公共性」の前提として大切にしてきた先の四つの条件は、保育が「公的」に運営されることを何よりも大切にする思想だったと考えることができます。公共交通機関、公共施設、「公共の福祉」といった文脈で使われる「公共性」がこれに該当しますが、ここで使われる「公共性」という言葉には、「公的な（official）」

という意味の他に、「共通なもの（common）」という意味や「公開性（open）」という意味を付与され、使用されてきたという齋藤純一氏の指摘があります。[1]

つまり、同じように「公共」という言葉を使う場合でも、「公共」の「公」という字にウェイトをおいて使用する場合にはそれは、「公的な（official）」という意味になるということなのです。これまで使ってきた「公共性」は、この点を重視した「公共性」だったと考えることができるでしょう。

ここで言う「公」は国や地方公共団体といった組織、つまり「お上」を指す言葉なのですが、こうした言葉の背後には、「お上」が決め、「お上」が実行することに国民は従わなければならないという権力的な発想が潜んでいる場合が多いのです。したがってこうして公的に保障された保育に対して不満を言うことなど、考えることも許されないような雰囲気が政策の背後に潜んでいたりするのです。「あてがいぶち」の保育を「お上」から提供されるという発想で、保育の歴史で言うと救貧政策としてとられた保育所政策などがその代表ということになるでしょうか。

これに対して、同じ「公共」でも「共」のほうにウェイトをおいて使用する場合には、みんなに「共通なもの(common)」という意味で使用される場合が普通なのです。

「共」という文字には「共同」という意味が込められていて、みんなで力をあわせて何かすることを「公」が支えるというニュアンスで「公共」という言葉が使用されているということなのです。戦後保育所増設運動の中心的役割を担った「共同保育所」に冠された「共同」などは、まさにこうした「共同性」の思想を「運動」として具体化していった「公共」だといえるでしょう。

こうした「公共性」に対して「市場原理」に基づく公共は、齋藤氏が「公共性」の第三の特徴と整理する「公開性（open）」に対応するものと考えることができます。つまり、社会全体に対して広く公開されていることが、公共性成立の条件なのだということなのですが、その場合、政府によって展開される「公共性」は参加者の主体性を尊重しないという点で「閉ざされた」性格をもっているし、ある人たちにとって「共通なもの」は、その構成員以外の人たちにとっては「閉鎖的」であるのに対して、「公開性」を基礎にした「公共性」は、誰にでも平等に開放されている点を最大の特徴としているということなのです。

そしてこのように考えてくると、この「公開性」をとりわけ追及した「公共性」が、実は市場という名の公共と考えることができるのです。なぜなら「商品」として「市場」に出された保育サービスは、たしかに広く市民に公開され、売買されるわけです。もちろんそこでは、加えられた付加価値に対応して商品の値段も変動することになり、経済力の差が壁になってくるという弊害はあるのですが、それでも消費者の商品選択の自由と主体性は保障されることになっていくわけです。

●●●3 共同体的人間関係を基礎にした保育公共性再構築の課題

重要な問題は、こうして三つに類型化される「公共性」の内、どの論理を起点に保育の公共性を構築していくかという点にあります。

たとえば一般に「公的保育」という言葉で表現されている「公共性」は、「公的な」という第一の意味を強調したものですが、そこに潜んでいる「権力的」「画一的」な発想を嫌った親たちにとってみれば、第三の「公開性」を前提にした「公共性」のほうが何といっても魅力的に思えるわけです。そしてそうした中、第一の論理を「公共原理」の代表と呼び、第三の論理を「市場原理」と呼び、二項対立の図式で「公共性」を描き出すことは、結果的に第二の論理である「共同性」を基礎にした「公共性」構築の課題を曖昧にすることにつながっていくのです。

しかしながら、実はこの「共同性」を基礎に「公共性」を再構築していくことこそ求められているのだと私は考えています。それは何といっても、乳幼児を育てる保育という営みが、「協力」や「共同」の思想の中で実現されることを本質としているからにほかならないのですが、それと同時にこの「共同性」に基礎をおいた社会的関係が崩壊していった事実の中に、現在起きている子育ての危機の要因があると考えられるからです。そしてそれを再構築することの中に、現代の保育・教育を考える基本的な課題が存在していると考えることができるのです。

たとえば経済学者の神野直彦氏は、現代社会を構成するシステムを「経済システム」「政治システム」「社会システム」という三つの「サブ・システム」に分類し、その相互関係を図13のように歴史発展的に整理していますが、これを見ても分かるように、二〇世紀という時代は「政治システム」「経済システム」が相互補完的関係を持ちながらどんどん肥大化していった一方で、人間の信頼によって支えられてきた「社会システム」を脆弱にした時代にほかなりませんでした。(2)

重要な点はこの場合、「経済システム」が「市場経済を媒介とする人間関係」を基

図13　20世紀システムにおける三つのサブ・システムの相互補完関係

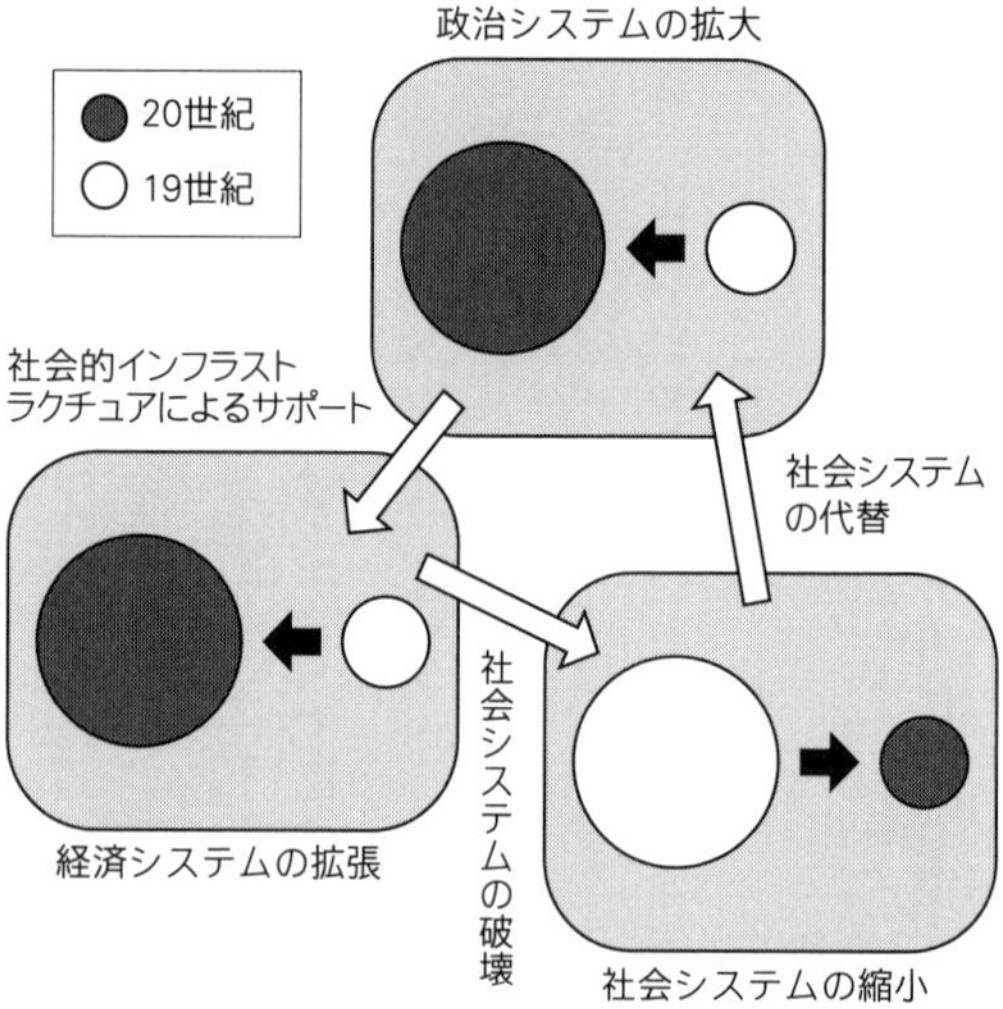

〔出所〕神野直彦『「希望の島」への改革』（日本放送出版協会、2001年、p.63）

礎に展開され、「政治システム」が「強制力にもとづく、支配・被支配という人間関係」を基本に展開してきたのに対して、「社会システム」だけが「人間と人間との自発的協力による結びつき」（共同体的人間関係）を基本に構成されてきた事実の中にあります。そしてこの三つのサブ・システムですが、齋藤氏が言う「公共性」の三つの原理に、実は対応しているのです。

つまり、「政治システム」が「公的な（official）」という意味に対応し、「経済システム」が「公開性（open）」に対応しているのに対して、「共通なもの（common）」という意味を基礎に構成されているのが「社会システム」ということになっているのです。

これらの内、二〇世紀の百年をかけてこの「社会システム」だけが脆弱になっていったわけですが、考えてみたら幼稚園・保育所に代表される社会的保育施設は、ここで大切にされてきた「共同体的人間関係」の弱体化を補填・再生させるシステムとして機能することを期待されながら発展してきた施設だったと考えることができるのです。

たとえば保育所の場合は、「共同体的人間関係」を基礎にした「社会システム」だけでは補いきれない子育ての問題（貧困・単身家庭等の子育て）を「公共性の原理」で代替する論理から誕生させられてきた歴史を持っています。したがってその運営に関しては、税金で負担していくことを当然のことと了解したうえで組織され、運営されていったわけですが、本家本元の「共同体的人間関係」が弱体化してくると、今度は「社会システム」全体を公共政策（公的保育）で代替する必要が生じることになっていくのです。

つまり九〇年代半ばから本格的に展開されることになる男女共働きを基礎にした労働市場の構築という課題の中で、多くの家庭に「保育に欠ける」状況が作り出される可能性が想定されるようになってきたのですが、これをカバーする力が地域の「共同体的人間関係」に存在していないことはすでに明らかなわけです。そこで社会政策として、すべての子どもを対象とした保育制度を再構築する必要が生じてきて、「公的保育」拡大という課題が具体的に政策化されるようになってきたわけです。

ところが、それでは国・自治体の財政負担があまりに大きくなるということで国は、「利用者主権」という言葉を持ち出しながら、「市場原理」徹底化政策でこれに対応していこうとしてきたということなのです。そしてこれが九〇年代以降展開されてきている保育政策の流れだったわけですが、これでは人間的生活を維持してきた「共同体的人間関係」を、ただたんに「市場経済を媒介とする人間関係」に置き換えるだけで、「子育て支援」が真に必要としている「共同体的人間関係」再構築の課題に逆行することになっていくのです。

●●●●4 保育公共性の理論的根拠としての親権組織化論

さてそれでは、「共同体的人間関係」を再構築する保育の公共性を、私たちはどのように描き出せばいいのでしょうか。つまり、「共同性」に基礎を置いた「公共原理」をどのように考えていけばいいかということですが、こうした問題を「親権（私事）の組織化論」として理論的に整理しようとしたのが教育学者の堀尾輝久氏です。

堀尾氏は、親たちが自らの要求を組織しながら保育所を設立し、さらにそれを社会システムとして制度化させていった保育所づくりの運動を、近代社会が公教育を生み出した歴史に対応させる形で「私事の組織化」過程と分析し、そこに社会的保育の根拠を求める議論を試みているのですが、これは「保育の公共性」の根拠を理論的に整理する意味で興味深い内容になっています。

つまり堀尾氏は、共同保育所づくりに代表される保育所づくりの運動を、両親の親権を「共同化」する営みと分析したうえで、この「私事の組織化」過程の中に、実は保育公共性の根拠があるのだと、次のような形で議論を展開しているのです。

① 子育ての責任は、まずは「発達保障の自然的責務」としての両親の親権に属する。
② その両親の親権を共同化し、その責務の一部を、専門の保育者・教師に信託したものが、保育所や学校である。

③したがって権利論的視点からいえば、保育所や学校は「家庭の延長」と言ってよい。

④しかしながら保育・教育の専門家に親権の一部を託すと言うことは、保育・教育の専門機関には、家庭で果たし得ない機能を託されて、親権（親の責務）の代替的行使が期待されることを意味することになる。

⑤そして今日では父母がその責務を信託するのは、家庭が文化的教育的環境として十分でないと言う消極的な理由からばかりでなく、子どもの成長にとって、子どもの集団的な活動（集団あそびや集団学習）と、専門家による指導的配慮が、格別に重要だからである。

⑥こうして「親権の共同化」としての保育所や学校は、「家庭の延長」として自分たちひとりひとりのものであると同時に、みんなのもの＝公的なものとしてとらえなおされる。[3]

堀尾氏はこのように、保育所が「公的」な施設として存在するということは、自然的権利として親たちがもっている親権を共同化するということであり、それを保育者という専門家に委託することにほかならないのだと、まず整理します。

じっさい共同保育所に代表される保育所づくりの運動は、「親権の共同化」を民衆自身の共同の力で成し遂げていったわけですが、それをさらに社会の責任（公的責任）で実現させていった点に運動としての特徴がありました。

もちろんそれは、親たちが「親権」を放棄したのでもなければ、保育者に親権を全面委任したものでもありませんでした。そしてそれ故にそこにおいて展開された実践は、親同士の、あるいは親と保育者との民主主義的関係が決定的に重要な役割を担うことになっていったわけであり、そこでは子どもの発達権を実現するために親と保育者が共同する、自治と共同の思想が大切にされていったのでした。

重要な点は、たとえ必要から生み出されたものとはいえ、親たちがこうした取り組みの中で子育ての「共同性」を獲得していった事実にあります。つまり親たちは、保育所を作り出し、共同して運営していく必要性から力をあわせ、仲間になっていくわけですが、その際、専門家である保育者と共同していったことが、親たちの「共同性」に新たな質を加えることになっていったのです。

たとえばこの時期の共同保育所運動に注目した大宮勇雄氏は、運動に関わった親たちが、運動を通して自らの内部にある子育ての「私事性意識」を変革し、「『みんなの中で、みんなのために』自覚的に協力する態度が、私事性意識に代わる新たな生活の規範として獲得されていった」と指摘していますが[4]、実際そうした意識の変革は、構成員相互の真摯な「闘い」の結果として獲得されていったものだったのです。

そしてそうした思想と実践はその後、「共育て」という言葉とともに、全国の保育施設で発展させられていくことになっていったのですが、先にも触れたとおり、親たちが変化し、社会が変化する中で、しだいにこうした関係を構築していくことが困難な状況になっていったのが七〇年代後半から八〇年代という時期だったわけです。

そしてそうした中、九〇年代に入る頃から「利用者主権」という名の下に「市場原理」が保育界の支配的原理に置き換えられるようになってくると、この関係を再構築する課題はますます困難になってきたということなのです。

●●●●●5　保育の公共性を支える責任の四重構造

しかしながら状況がどんなに困難でも、私たちは「共同性」に基礎をおいた保育公共性を今、意識的に再構築していく必要があるのです。そしてそのためには、もう少し具体的なレベルでその可能性を模索していく必要があるといえます。

たとえばこれまで述べてきたような公共性の構造に関して高田眞治氏は、「公共性のシステム連関」を図14のように整理しています。高田氏の場合は、神野氏が「政治システム」という言葉で整理した関係を、さらに国によって進められる「統治原理」と、地方自治体によって進められる「自治原理」の二つに分類しているのですが、こうした視点から現在進められている保育政策をみてみると、それはこれまで政府の「統治原理」として展開されてきた保育行政をいったん地方自治体に移管したうえで、その後に地方自治体の手で「市場」という場に保育制度を担わせていく、そんな動きとして整理することができるかもしれません。

問題はその場合、「統治原理」「市場原理」とは一線を画した新しい「公共性」を、住民の側からどのように描き出すことができるかという点にあるのですが、おそらくそこで大きな意味をもつのが「生活原理」と特徴づけられた公共性と、地方自治体の「自治原理」との結合という形で作り出される公共性のベクトルなのだろうと思われます。

もっとも私自身は、ここで高田氏が「生活原理」と呼んでいる原理は、むしろ「協

図14　公共性のシステム連関

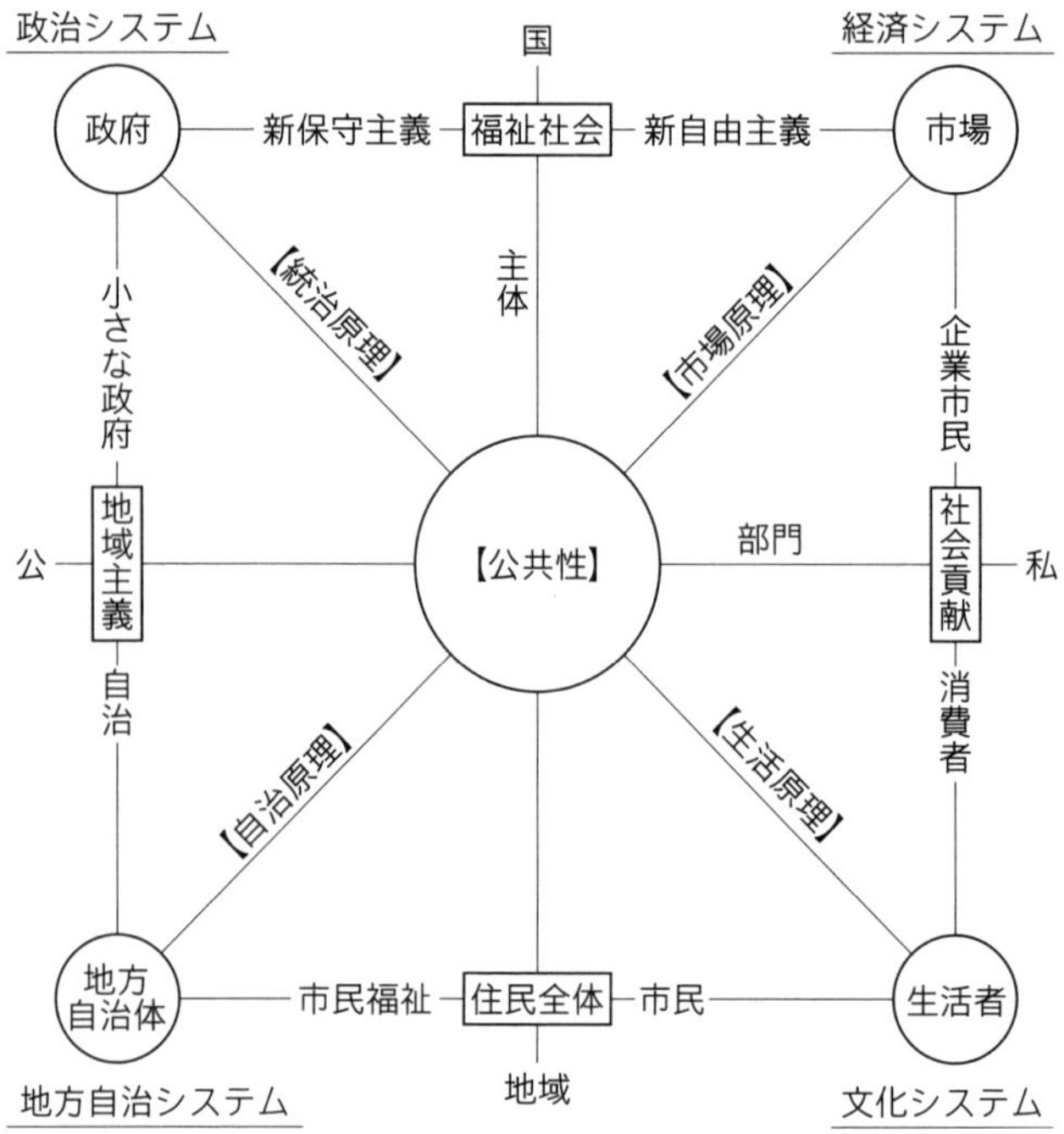

〔出所〕高田眞治『社会福祉内発的発展論』
（ミネルヴァ書房、2003年、p.216）

力原理」もしくは「共同原理」と呼ぶほうが適当なのではないかと考えているのですが、そのあたりの議論が、つまり民衆が主体的に社会・政治システムに参画していく形の描き方が、実はかなり論争的課題になっているというのが現実なのです。

それはこれまでの保育・幼児教育の歴史が、権力をもった国や行政機関に対して、住民の側は組織を持った運動体が一体となって立ち向かっていくといったスタイルを中心に展開されてきたのですが、そうした構図に対する疑問と提案が、市民運動の側から出されてきたことと無縁ではありません。

いわゆるNPO法（特定非営利活動促進法）成立後に作られたさまざまな子育てNPO組織やサークル的組織は、旧来の組織的運動を支えてきた「共同性」に対して、意識的に「ゆるやかな共同」を追及している雰囲気を感じます。そして高田氏が「生活原理」という言葉にこだわるのも、おそらくこうした議論と無関係ではないのでしょう。

しかしながら私は、このあたりの議論と実践はまだ端緒についたばかりなのですから、あまり拙速に答えを求めるべきではないと考えています。つまり、最初からこうあるべきだとあまり固執しないで、民衆から作り出す多様な実践を、豊かに作り出し、交流するところから始めるべきだと思うのです。

ただしそのためには、いくつかの条件があります。「統治原理」や「市場原理」とは異なる「自治原理」と「協力・共同原理」に基づいた新しい「公共」の形は、権力的な関係を排除し、単純な利害関係に支配されることを拒否した、民主主義的な関係を模索する営みの結果、作り出されていくものです。これは「民主主義のプロジェクト」とでも呼ぶべき性格のものなのですが、こうした取り組みの難しさは、何といってもそこに定型的なモデルが存在しない点にあるのです。

つまり、民主主義的な関係は他者から与えられるものではなく、努力して獲得していくものなのです。そして、社会全体でこの民主的な関係を創造的に構築していこうとすれば当然、そこには「民主的規制」のシステムが必要になってくるということなのです。

問題は、この「民主的規制」のシステムをどのようなイメージで構築していくかという点にあるのですが、まさにそうしたシステムを創造していく豊かなイマジネーションが、私たち大人に問われているということなのです。もちろん、そのために国が果たすべき「責任」があれば、自治体が果たすべき「責任」もあるのです。いやそれだけではなく、こうした行政の果たす「責任」の上に立って、保育の専門家である保育者の「責任」と、親権の行使者である親たちの「責任」とがうまく絡み合いながら、自由で柔軟な実践を創造する、多重的な「子どもへの責任」システムが構築される必要があるのです。

6 保育の公共性を支える国の責任

その場合、まず問題になってくるのが国の責任のとり方なのですが、この点については「子どもの権利条約」を批准している国の立場は明確です。つまり「子どもの権利条約」第三条は、子どもに関する施策を講じる際には「子どもの最善の利益を第一義的に考慮」しなければならないと、はっきり規定しているのです。

こうした視点から国が「責任」を果たそうとするなら、やらなければならないことは大きく言って二つあります。一つは、乳幼児が生活する保育施設の基準を、子どもの「最善の利益」という視点から徹底的に見直すことです。そして二つ目は、子育て中の親たちが家庭で子どもと共に生活する中で、「親として成長する権利」を社会的に保障することです。

たとえば前者の問題で言えば、「子どもの最善の利益を第一義的に考慮」して政策化を図るとすれば、当然のことながら子どもが生活する施設に関しては、「規制緩和」の発想ではなく「規制強化」の発想で臨むことになるはずです。

もちろんここでいう「規制強化」は、なんでもかんでも規則でがんじがらめにしてしまえばいいということではありません。子どもが人間に育っていく場は、大人たちの豊かなイメージに満ち溢れた空間であるほうがいいし、その運営の方法も多様な形態があったほうがおもしろいのだろうと私自身は考えているのです。

しかしながらその際、子どもにとって何が「最善の利益」なのかという発想からすべての施策が講じられることが重要になってきます。

たとえば二歳児の人間的な育ちを保障する必要性を自覚したら、彼らの生活空間を最低でもどのような条件で整備すべきか考えるのです。おそらく誰が考えても、一つの部屋に二十人以上も詰めこまれた空間が「最善の空間」とはならないでしょう。大人（保育者）—子ども関係の面でも、生活空間の面でも「心の拠点」をゆっくりと形成していく二歳児は、人との間に、あるいは物との間に、深くしっとりとした関係を築く権利が保障されなければなりません。そしてそのためには、「静寂」を共有できる空間的配置が必要となってきます。すると当然のことながら、一つの部屋で一緒に生活する人数に「規制」が必要となってくるのです。

このように、「子どもの権利」を守るために基準を示すことが国の「責任」になってきますが、もちろんそのために、こうした条件を整備するための財政的保障を政策化する必要が生じてくることは言うまでもありません。

同様の問題は、親たちの生き方についても言うことができます。

つまり、「子どもの最善の利益」を考えると当然ながら、両親の労働時間に関する「規制強化」が重要な課題となってくる点も忘れてはなりません。子どもが小さいうちは、両親を家庭に帰す義務を社会が自覚し、両親の休暇制度を確立し、労働時間を社会的に規制していくことが重要になってくるのです。男性の出産後休暇や育児休業取得を義務化し、その分の休業補償を税金で賄うシステムを構築するとか、子どもが三歳になるまでの就労時間を一日六時間以内に規制するとか、さまざまな形で法整備をしながら、とにかくゆったりと子育てする権利を社会全体で保障していくことが重要になってきます。

たとえば**表2**はデンマークの出産・育児休業制度を紹介したものですが、子どもが生まれた後に、母親のみならず父親に二週間の休業を義務づけるだけで、家族の形は

表2　デンマークの出産休業、育児休業

例1

	産前休業	産後休業		育児休業				
母親	4週間	14週間（母親休暇）	10週間（親休暇）	26週間＊（雇用者との合意は不要）	26週間（雇用者との契約が必要）			
父親		2週間（父親休暇）				13週間＊（雇用者との合意は不要）	39週間（雇用者との契約が必要）	
子供の年齢	誕生　　6ヶ月　　1歳　　8歳							

例2

	産前休業	産後休業		育児休業				
母親	4週間	14週間（母親休暇）			13週間＊（雇用者との合意は不要）		39週間（雇用者との契約が必要）	
父親		2週間（父親休暇）	10週間（親休暇）	26週間＊（雇用者との合意は不要）		26週間（雇用者との契約が必要）		
子供の年齢	誕生　　6ヶ月　　1歳　　8歳							

＊法定育児休業、子が1歳未満であれば26週間、1歳を過ぎると13週間取得できる
育児休業は子が8歳になるまで取得可能
産前・産後の休業中は失業給付最高額と同額、月額税込みで11,300クローネ（約17万円）が給付される
法定育児休業期間は、失業給付最高額の60％、税込み月額6,780クローネ（約10万円）が給付される
雇用者との契約が必要な期間は、各人の契約による手当となる
父親休暇の取得率は58.2％、親休暇を父親が取得する場合は5％（1995年）

〔出所〕湯沢雍彦編著『少子化をのりこえたデンマーク』（朝日新聞社、2001年、p.83）

大きく変わっていくはずです。そしてそれに加えてデンマークの場合は、母親・父親のどちらがとってもいい「親休暇」が十週間も保障されているのです。子どもが生まれた直後に、こうした休業システムが整備され、さらに子どもの育ちにあわせて、子どもとうまくコミュニケートしていく方法を学ぶ機会を社会的に創出していけば、おそらく日本における子育ての形は、大きく変化することになっていくと思います。

7 子育ての夢を形にする保育行政専門家の仕事

しかしながらこれからの社会にあっておそらく誰よりも大きな力を発揮することが期待されるのが、地方自治体で保育・幼児教育行政を担当する自治体行政専門職です。もっとも実際には、どの自治体を見ても現段階で「保育・幼児教育を担当する自治体行政専門職」などどこにもいないというのが現実です。人事異動でたまたま担当部局に配属され、国が実施している補助事業をそつなくこなしていくというのがこれまでの保育・幼児教育担当者の仕事だったわけですから、「行政専門職」などそもそもいるはずないのです。

しかしながら私は、この分野は「保育行政専門職」を行政機関の中に正式に位置づける必要があると考えています。なぜなら、親や保育者の思いを取り入れながら、その地方の保育・幼児教育の形をデザインし、保育における「民主主義のプロジェクト」を牽引していく行政担当者は、かなり高度な専門性を要求されるからにほかなりません。

なんといっても、未来を生きる子どもたちの人間的成長を、街づくりの視点からデザインし、形にしていく専門職なわけですから、その働き次第で未来社会が決まるというくらい価値のある楽しい仕事なのです。

おまけにそうした仕事を期待する法律まで制定されているのです。ここは「保育行政専門職」という肩書きはないにしても、現在担当している担当者が、学習しながら範を示すしかないのだろうと私は考えています。

たとえば二〇〇三年に十年間の時限立法として制定された次世代育成支援対策推進法は、地域の子育てを総合的な視点から構築し、それを具体的な行動計画にまとめることをすべての地方公共団体に課しています。つまり十年後を見据えて、それぞれの地域の子育て環境をどのように構築していくか、そうした夢を形にする課題を地方公共団体に委ねているわけですから、担当者の知恵と力が問われることになっていくわけです。

もちろん、それが容易な仕事でないことは私だって十分に承知しています。二〇〇四年度からは「三位一体改革」の一環として地方財政が全体として縮小されるわけですし、公立保育所保育運営費の一般財源化も決定されているのです。これまで国からきていた補助金にしても、いったいいつまでくるのか不透明な状況にあるのも事実です。そんな中、普通の担当者ならおそらく、無難な案を作ってお茶を濁す程度の仕事で終わってしまうでしょうが、それではあまりにも「お役人」の仕事です。ここはやはり、全国の保育行政担当者の、公務員としての「誇り」に基づいた知恵と力を期待したい気持ちでいっぱいです。

ただしその場合、道路を作るのと子育て環境を整備するのと、どのように財政分担していくかといった高度な議論が必要となるわけですから、そこはかなり専門的な視点から理論構築していく必要があるのです。もちろんその際、子どもの発達保障をいかに実現するかという視点、子どもの最善の利益をどう保障するかといった「子どもの権利条約」の視点を起点に政策を構築することが重要となります。そしてそれゆえに、保育行政担当者は子どものことを真摯に勉強してほしいのです。自分の経験と主観に基づくのではなく、科学と道理に基づいて、歴史に責任持つ視点から十年後の子育て環境を描き出していくことが重要になってくるのです。

もちろんその際、担当者の勝手なアイデアで地方の保育・幼児教育をデザインしていくことは厳禁です。行政主導で進める保育・子育ての改革は、それがどんなにすぐれたものであっても有効な力にはなりません。地域にある子育て要求に真摯に耳を傾け、容易には表面化しない子育て要求を引き出し、それらをていねいにつなげながら一つの形にまとめていく、そんな「民主主義のプロジェクト」をデザインする能力こそが問われているのです。なぜならこうした民主主義的な営みを通してのみ、大人の「共同性」を基礎にした保育の「公共性」を構築することが可能になっていくのですから。

重要な問題はその際、こうした民主主義的な意思決定システムを地域の実情にあわせて作り出していくことにあります。幼稚園・保育所の保育者や親の代表はもちろんですが、保健師や子育てサークルの代表、そして子育てボランティアの代表等が小学校区毎に「保育・子育て協議会」のようなものを組織し、そこで月に一回の会議を公開で実施していくのです。協議会ではそれぞれの立場から要求とアイデアを出し合い、地域の保育・子育ての形をデザインし、実践し、実践の経過を報告し、それをリフレクションしながら再度新たな行動計画をデザインし直していくといった形で、直接民主主義の理想を具体化していくのです。

もちろんそうした営みは、かなりめんどうな仕事であり、大変な仕事なのです。行政組織としては「ことなかれ主義」と「官僚主義」のいずれかに立つほうが楽なわけで、一番困難な仕事が実は、「民主主義のプロジェクト」を形にしていく仕事なのです。しかしながらこうしためんどうな民主主義的取り組みを通してのみ、保育をめぐる「新しい公共性」を生み出すことが可能になってくるのです。

8 この時代を生きる大人たちの、子どもへの責任

何度も繰り返しますが、今問われている最大の問題は、子どもに対する大人の「責任」の取り方にあります。つまり未来を生きる子どもたちに、私たち大人がどのような乳幼児期を保障しようとしているかということが問われているのです。

もちろんその場合、国や地方自治体だけが責任を果たせばいいというわけではありません。園に子どもを託す親も、集団保育に責任を持つ保育者も、それぞれの立場から責任を果たすことが求められているのです。

つまり、国が条件を整備し、地方自治体が保育・子育ての豊かな展開をコーディネートし、その上に親と保育者の共同で作り出された「育ちの共同体」としての集団保育が機能して初めて、子どもたちの育ちに責任をもつことができるのです。そしてそういう意味で親と保育者の共同的関係は、保育・子育てにおける「民主主義のプロジェクト」具体化の鍵を握っていると考えることができるのです。

もちろん、親と保育者との共同的関係を構築していくことは、実際にはかなり困難な仕事なのです。

なにしろこうした面倒くさい関係をもっとも嫌っているのが、親世代なのです。もしも可能なら、幸福だってお金で買いたいと願う人たちが、保育をお金で買うことに抵抗を感じないとしても、それは別に驚くに値しません。そしてそれゆえに、「民主主義のプロジェクト」の責任主体に親たちを位置づけなければならないと私たちが主張し、親たちを保育サービスの「利用者」「消費者」に貶《おとし》めてはならないと叫んでも、

「消費者」で十分だという親たちが現れることは、けっして不思議なことではないのです。

しかしながらここは、やはり気づいた人から大きな「闘い」に挑んでいく必要があるのだろうと私自身は考えています。

なぜなら先に神野氏も指摘していたように、社会を構成する三つのサブ・システムの内、保育・子育てを含みこんだ「社会システム」だけが「協力原理」によって成立するシステムだからです。こうした中、「社会システム」まで「競争と市場の原理」に置き換えられてしまうなら、子どもが人間に育つ環境そのものが消失してしまうからなのです。繰り返しますが、子どもが人間へと育っていく道筋は、矛盾と葛藤にあふれた、面倒くさい人間関係の中にしか存在していないということなのです。そしてそうした関係を創造していくのは、ほかでもない私たち大人の、子どもに対する最大の「責任」にほかならないのです。

重要な問題は、親や保育者を含めて、社会全体が子どもという存在をどのような存在として理解し、彼らが人間へと育っていく道筋において乳幼児期という時期をどのように認識するかという点にあります。

たとえばこうした問題に関連してロンドン大学のピーター・モス氏は、子どもという存在を大人に育てられる「無能で、弱く、純真無垢な存在としてみなす」子ども観から脱却し、大人と一緒に価値あるものを創造する「共同構成者」ととらえる視点を持つことが重要なのだと述べています。そしてそうした視点を共有することができるなら社会は、保育園・幼稚園といった保育施設を、子どもを管理・教育するための管理的発想の保育施設としてでもなければ、市場原理に支配された保育施設でもない、「市民社会におけるフォーラムや公共スペース」という性格を持った民主主義的な施設へとデザインし直すことが可能になるのだと明確に語っているのです。

子どもたちは、未来を生きる存在です。ところが、その未来社会を生きるために必要な力など容易に予測できないのが現代という時代です。そんな時代に大人として生きている私たちは、子どもたちが「希望」とともに「未来」を描き出し、その「希望」に現実を近づけていく能力を、乳幼児の段階からていねいに育てていく必要があるのです。もちろんこうした努力は、大人自身が自分の問題として取り組む必要のある課題でもあり、そういう意味で子どもと大人は、この社会の「共同構成者」でもあるのです。

子どもが生きいきと生活できる社会は、大人だって人間らしく生きている社会です。二一世紀における日本の保育・子育てを、「子どもの最善の利益」をベースにデザインし、それを具体的な形にすること。それは、この時代を生きる私たち大人の、子どもに対する責任なのです。

第六章　時代を拓く保育者の専門性と実践力量を問い直す

●1　保育機能拡充政策と保育者の専門性との間

最後に、激動する保育制度改革の動きの中で、保育実践の本質を構成する保育者の専門性の問題について考えてみることにしましょう。

＊　＊　＊

アメリカで人気のテレビドラマ「ＥＲ」[1]が日本でも放映され、人気を呼んでいます。「緊急救命室」と日本語に訳されたこのドラマは、文字どおり救急救命医療に取り組む医師たちの物語なのですが、あわただしく搬送されてくる患者に対して機敏に、しかも的確に対応する医師たちの姿をみていると、現代社会を生きるプロフェッショナルの真髄のようなものを、無意識の内に感じさせられてしまうから不思議です。

がそれにしても、この番組に流れる時間のなんと速いことか。そしてそこで活躍する医師たちの生活の、なんとあわただしく流れていくことか。

もちろん、時代が要求するこのスピードに、彼ら医師たちが専門家のプライドをかけて挑んでいくからこそ番組が広く支持されているわけであり、そういう意味でこのスピードの速さが番組成立の必要条件となっていることは、私としても十分に理解できるのです。しかしながらそれでも、医療の専門家たちがこのようにして、常に限界に挑戦し続けていかなければシステムそのものが維持できない現実をみていると、やはりそれを「美談」として片づけてはいけないような、そんな感じになってしまうのも事実なのです。

たとえばそれは、日本の保育園が一九九〇年以来突き進んできた「改革」についても言えることかもしれません。一日八時間の労働を基本とする保育者が、長時間・夜間・休祭日保育といった社会的ニーズに応えていこうとすると、どうしても複雑な時差勤務体制の採用、短時間勤務保育者の大量採用といった現実が生まれてきます。待機児解消という目的で、定員をはるかに超える園児を受け入れているうちに、ニーズの高い一歳児・二歳児たちで園はふくれあがり、一つの部屋に二十名以上の二歳児が生活する園だって生まれてきています。あるいは、園児の親たちに対する対応だけでも大変なのに、一時的保育事業・子育て支援事業という形で、地域の親を対象とした保育課題に挑戦していく必要性が強調されたりもします。

もちろんそのいずれもが重要な仕事だということは、誰も否定できないわけです。

しかしながらそれでも、保育者の力量を超えた所で要求される社会的ニーズに対して、常に「限界」に挑みながら実践することが要求される保育者たちの現実が、はたして子どもの発達を保障する保育園のあるべき姿なのかというと、やはりそれは違うような気がしてくるのも事実なのです。

つまり、人間のために作られた社会システムと、そこで働く専門家の労働実態との間に、すでに深刻な矛盾・軋轢《あつれき》が生じ始めている点で、ドラマ「ＥＲ」に描かれた医師たちが抱える問題と日本の保育士たちが抱える問題の間には、ある共通性が存在しているように私には思えてしかたないのです。

たとえば人間の生命を守る目的で作られた病院をはじめとして、人間の幸福のために準備された「教育・郵便・社会事業・輸送」といった社会システムが量的拡大を実現し、ある「分水嶺」を超えたとたんに、今度は人間のほうが社会システムの「奴隷」と化してしまう現実を、鋭い言葉で批判したのはイヴァン・イリイチ（Iwan Illich）でした(2)。

たしかにイリイチの言うように、病院だって、学校だって、テレビジョンだって、最初はすべて、人間を幸福にするために発明された道具であり、システムだったのです。しかしながらそれがあるレベルまで量的拡大を遂げたとたん、今度は人間のほうがそのシステムに支配される現実が生じているのです。

病院で病名をもらわなければ不安になり、学校というシステムに人間の価値を決めてもらい、テレビの視聴で「自由な時間」を奪われていく……。別に誰か特定の個人に強制されているというわけではないのです。しかしながら自分自身で無意識のうちに選んでいるこれらのことがすべて、実は無意識のうちに道具やシステムに支配された現実を反映しているということは、多くの人が実感していることなのではないでしょうか。

●●2 「マイナーな専門性」と特徴づけられた保育者の専門性

おそらく問題は、こうした現実を不可避のものとして受け入れるのか、それとも変革可能な現実として理解するのかという点にあるのだと思います。そしてもし変革可能な現実と考えるならば、私たちはそれを、いったいどの方向に変革していこうとしているのかという問題なのだと思います。

もちろん先に紹介したイリイチにしても、こうした現実にただ手をこまねいていろと言っているわけではありません。イリイチは語っています。社会システムが人間に対して「益よりも害」を与えるようになる前に、システムのほうを「コンヴィヴィアリティ（自立共生）[3]」の論理に従って作り変えることが重要なのだと。

いや、いきなり「コンヴィヴィアリティ」なんていわれてもいったい何のことかわからないという人が出てきそうですが、ここではいちおう、「道具」としての社会システムを、自分たちで大切だと考えた理念に従って変革していく行為であり、その行為を積み重ねていく過程で作られていく社会とでも理解しておいてください。

ちなみにイリイチ自身は、「現代の科学技術が、管理する人びとにではなく、政治的に結びついた個人に仕えるような社会」のことを「コンヴィヴィアル（自立共生的）」な社会と呼び、それは現代社会の矛盾を自覚したうえで、「人びとと道具と新しい共同性との間」に新たな関係性を構築しようとしたものだと説明しているのですが、それよりもここで私が注目したいのは、イリイチが「コンヴィヴィアリティ（自立共生）」の根拠として、つまり新しい社会を構築する基本理念を、それぞれの分野の専門家たちが持つ「専門性」に求めることが必要だと語った点にあります。

もう少しわかりやすくいうと、それはこういうことになります。

まず、それぞれのシステムに責任を持つ専門家の「専門性」の内容を明らかにしていき、そこで明らかになった「専門性」の中味を、そのシステムが社会の中で「自立共生」していく根拠として機能させていくのだと……。つまり、たとえば保育所というシステムのあるべき姿を考える時には、まず保育者の専門性を明らかにし、その内容に従ってシステムのあるべき姿を構築していくこと。それが「自立共生的な」社会変革の原理なのだとイリイチは強調しているのです。

さてそれでは、保育・幼児教育の仕事を担う保育者の専門性を、私たちはいったいどのように規定することができるのでしょうか。当然のことながら話は、そこに向かっていくことになるのですが、実はこれがけっこうやっかいな問題なのです。

たとえば同じように「専門性」を問題にしても、医師のように目的・目標・方法が明確な職種の専門性と、保育者のように曖昧な部分を多くもった職種の専門性とでは、議論の方向がまったく違ったものになっていくのです。

この点に関しては『専門家の知恵』[4]という本を著しているドナルド・ショーンが、現代社会で活躍する専門家を「体系的で基本的な知識に根拠をおいている」医師や法律家のような「メジャーな専門性」をもった専門職と、「変わりやすい曖昧な目的に悩まされ」続ける社会福祉職員、図書館司書、教師といった「マイナーな専門性」をもった専門職とに分類している点が参考になります。

たとえばショーンはこの中で、前者の専門職が実社会において、「安定した制度的な文脈において機能している」のに対して後者のほうは、「不安定な制度的文脈にわずらわされている」と述べているのですが、そう考えてみるとたしかに保育者という専門職は現在、この「不安定な制度的文脈にわずらわされている」専門職の極に位置する職種だと言うことができるかもしれません。

つまり、分かりやすく言うとこういうことです。

専門家といわれる職業には、医者のように背後の学問がしっかりしていて、その学問に対する正確な知識を持っていることを専門家の前提とするものと、保育者のように背後にある学問が曖昧で、学問をいくら学んでも専門家としての力量にさほど影響しない職業との、二種類が存在しているのだと。

たとえば病気の患者がくれば医者たちは、症状からその原因を突き止め、適切な処方箋を書き、処方していくわけです。そうした対処法はすべて、医学の世界で明らかになっていることですから、そこに医者の勝手な判断が入る余地はないのです。そして治療が成功したかどうかは、病気が治癒したかどうかということで判断できますから、評価も客観的にできるわけです。

これに対して保育者のほうは、学問の中にすべての答えが書いてあるわけではなく、専門家としての仕事のかなりの部分は、カンやコツの世界を含めて保育者自身が判断せざるをえないのです。もちろん実践の評価も主観的で、専門家として子どもに関わったことでどんな力が育ったかという点も、実際には曖昧な部分が多いのです。

そしてショーンは、そんな専門家たちの「専門性」の内、前者を「メジャーな専門性」、後者のそれを「マイナーな専門性」と命名したということなのです。

●●●3 「マイナーな専門性」と第三者評価制度との間

しかしながらそれでは、「マイナーな専門性」に依拠しながら実践していく保育という営みを基本に、コンヴィヴィアルな制度を構築していくというイリイチの提案を、私たちはいったいどのように受け止めればいいのでしょうか。

本章の課題は、まさにこの点にあるといえるのですが、市場原理徹底化政策で保育機能拡充の課題を達成しようとする、現在進められている保育制度改革の動きは、こうした問いに対する答えを待つことなく、とにかく改革を前進させていくことが大切だと言っているのです。

つまり、保育実践の質を維持するために第三者評価システムを構築する必要があると言えるが、その場合「計測困難」な保育実践の評価をもたもたやっている暇はない。したがってとりあえず、「計測可能」な部分から評価をしていけばいいのだと……。

保育実践で「計測可能」な部分と言えば、それはもう「保育サービス」という名で表現される「託児機能」に限定されるでしょう。何時から何時まで子どもを預かり、土曜日や日曜日も親たちの要求にどこまで柔軟に応えたかという……。

しかしながらそうした「計測可能」な部分ばかり評価して、その点で園同士の競争をさせていったりすると、保育実践の本質を構成する、つまり「マイナーな専門性」に依拠して展開される「保育者―子ども関係」の部分を、結果的に軽視する風潮を生み出してしまうことになっていくのです。

そして問題は、まさにこの点にあるのです。

たとえばこの点に関して私は、「保育サービス」という名の下で提供されるサービスの受給者は「はたして親なのか、それとも子どもなのか」と問いかけるピーター・モス氏の言葉を前章で紹介しました。この中でモス氏は、「親のためのサービス」と「子どものためのサービス」とを分離して考える傾向が、「子どものためのサービス」を後景に追いやる引き金になっている点を厳しく批判していたのですが、それと同時に重要な問題は、こうした議論の立て方が結果的に、保育者の専門性を不当に低いところに位置づけることにつながっていくというモス氏の指摘です。

モス氏は語ります。「保育サービス」の直接の利用者はそこで生活・活動する子どもたちであるにもかかわらず、「商品化されたサービスの消費者として両親」を位置づけてしまった結果、サービスの利用選択基準と評価基準がすべて、「コストや場所、利用しやすさ」といった「両親の選択に、より優越した地位が与えられている」ではないかと。しかもそのように「消費者と利用者とを同義語として使うことを前提にする市場という考え方」に基づいて展開される保育制度改革の議論は、結果的に保育者の専門性をないがしろにすることにつながるのだと。

そのあたりの問題を語るモス氏の言葉を、少していねいに読んでみてください。

「〔保育における市場原理の徹底は〕サービスという語を経済や市場の言語として理解させるようになるだけでなく、そこで働く人びとを、予め決められた知識と価値を子どもたちに手渡したり、簡略化された技術の説明を両親に手渡していく、中立的な伝達者として行動する、低く訓練された技術者として理解させることになる」(5)

おそらくすべての間違いは、保育者の専門性を計測可能な「託児機能」と、計測困難で曖昧な性格をもった「発達保障機能、教育機能」とに分類した所から始まっているのだと思います。そして効率性と市場の論理を強調する議論の中で、前者の機能を、つまり計測可能な機能のみを強調し、保育実践の本質を構成する計測困難で曖昧な性質をもった「保育者―子ども関係」を保育者の専門性から切り離し、捨て去ってしまおうとする安直な議論を許してしまった点にあるのです。

これは別の言い方をすると、保育園の持つ社会的機能には「親のための機能」と「子どものための機能」という二つの側面があり、それに対応して保育者の専門性も二分されてしまう危険性があるということなのですが、一九九〇年代に始まる保育制度改革論が、一貫して「親のための機能」に基づいて展開されてきたため、保育者の専門性の内、「子どものための機能」を軽視する傾向が生まれてきたということなのです。

しかしながらおそらく、時代はこれとまったく逆のことを求めているのだろうと私自身は考えています。つまり保育園を含めた社会的保育施設は、「親のための機能」よりもむしろ「子どものための機能」を中心に再構築される必要があると私は考えているのです。

それは何といっても、子どもを育てることがこんなに困難になっている時代に、幼稚園・保育所といった社会的保育施設が、子どもをステキな人間に育てる道筋をデザインしていく仕事に責任を持たなければならないと考えているからにほかなりません。そしてこうした課題に応えていこうとすると保育者には、ショーンが「マイナーな専門性」と呼び、最近の制度改革の中で切り捨てられる運命にある、主観的で曖昧な部分を含みこんだ専門性が、どうしても必要になってくる点にあります。つまり子どもたちが「当たり前の人間」へと育っていく道筋を意識的に再生する課題も、「未来を生きる力」を子どもたちとともに創造していく課題も、そのいずれもがマニュアルを従順にこなしているだけでは達成できない課題なのです。

ここで求められる保育者の専門性は、子どもの中に育ちつつある「深部の要求」と対話し、対話した内容を保育者の言葉で記録し、その記録をベースに明日の実践をデザインしていく、「対話的能力」とでも呼ぶべき実践力量にほかなりません。そしてその「対話的能力」を基礎に、子どもと一緒に保育カリキュラムを創り出していく専門的力量こそが、今の保育現場には求められているのです。

たとえばショーンは、こうした能力を発揮しながら活躍する専門家を「行為しながら考える反省的実践家」と呼びましたが、社会全体の価値観が大きく変化しつつあるこの時代にあっては、むしろこうした「マイナーな専門性」を持った「反省的実践家」の活躍が、時代を拓くエネルギーになっていくと考えられるのです。

●●●●4 「職人芸」としての保育実践からの転換？

ところが本書の中で何度も指摘してきたように、九〇年代に始まる保育・幼児教育制度改革は、こうした「マイナーな専門性」を否定し、計測可能な領域で保育者の専門性を議論する傾向を強めてきました。

二〇〇三年から本格的に開始されることになった「第三者評価システム」にしても、「保育者—子ども関係」に関わるファジーな部分を避けて通っている感じは否めません。そしてこのように、保育実践の本質を構成する「保育者—子ども関係」を曖昧にしたまま、計測可能な部分に焦点化して評価を強めていくことが、結果的に保育実践のマニュアル化を進める要因となっているのです。

たとえば、「第三者評価」の先導的試行として東京都品川区がＩＳＯ９０００シリーズの認証取得を目指して取り組みを始めたとき、『読売新聞』は次のようにその取り組みを紹介していましたが、これなどまさにそうした傾向の顕著な事例と言えるかもしれません。「保育園も品質チェック」という見出しのつけられた新聞記事の内容です。

乳幼児を預かる保育園のサービス内容を、職員や保護者以外の第三者の視点で評価しようとする動きが出てきた。園児に対する処遇方針を細かく規定したマニュアルを作り、それを基に実態を点検・公表していくことで、より質の高い保育サービスを目指すものだ。(6)

もちろん私にしても、保育園に「第三者の視点」が入ること自体を問題にしているのではありません。しかしながらそれでも、ここで言われる「園児に対する処遇方針を細かく規定したマニュアル」で保育実践の質を高めていくことがほんとうにできるのかどうかといわれれば、やはり疑問に思ってしまうのです。

新聞記事はこうした点について、さらに次のように、その取り組み内容を紹介していました。

まず東五反田保育園をモデルに、おむつの換え方や食事の与え方、基本的なしつけや遊びの際、保育士の取るべき態度などを文書にまとめ、マニュアル化する。

さらに、その実行状況も点検し、思わしくない場合は職員研修やクラス運営方法などを含めて改善方法を探る。

実際に東五反田保育園ではこのあと、Ａ４版六〇八頁からなる『保育基本マニュアル』を作成しているのですが、このようにマニュアルにそって実践し、マニュアルにそって評価することの重要性を新聞記事は、「これまでの保育サービスは職人芸とみなされ、客観的に評価するシステムがなかった」ことの反省が、ＩＳＯ取得にのりだすことになったきっかけだったという、品川区保育課のコメントとともに紹介されていました。

私自身は、記事の中で使われている「保育サービス」という言葉が「保育実践」のことをストレートに表現したものである点にまず驚かざるをえなかったことを覚えていますが、それに加えて「職人芸」としての保育実践を「客観的に評価するシステム」におきかえていくとはいったいどういうことを意味しているのか、あるいは「職人芸」として展開される保育実践と「客観的に評価」できる保育実践の関係は、いったいどのような論理で説明されているのであろうかと、こんな疑問が次から次へと沸いてきたのでした。

●●●●●5 職人の仕事と保育者の仕事と

しかしながらそれにしても、「職人芸」とはよくいったもので、保育という仕事は、むしろここで批判されている「職人」の仕事に似た仕事なのではないかと私自身は考えているくらいなのです。

たとえば永六輔さんに『職人』という本がありますが、ここに登場してくる職人さんのあれこれを読んでいると、保育の仕事に共通する内容がいっぱいあることに気づきます。

「何かに感動するってことは、知らないことを初めて知って感動するってもんじゃございませんねェ。どこかで自分も知ったり考えていたこと、思わぬところで出くわすと、ドキンとするんでさァね(7)」

いやたしかに、プロの知恵ってのはこんな知恵のことをいうんだと思います。そして保育者が保育の中で発見したり、感動するのも、同じ感覚なだと思います。

「バイオリンは楓の木からつくるんですが、その楓を育てた土から調べないと、いいバイオリンはつくれません[8]」

さすが「職人」という感じの言葉なのですが、保育者が子どもを知る営みと、どこか似たところがあるような気がするのは、おそらく私だけではないと思います。子どもを知るためにも子どもを産んだ親たちのことを知り、親たちが暮らしている町のことを知る。そうやって初めて、彼らとどうかかわればいいか見えてくるというものなのです。

「カンナをひきますわね。そのカンナ屑が板より長くなると、ちょっと腕がよくなったというか……[9]」

保育者の仕事だって、基本的には毎日同じようなことの繰り返しなのだけれども、それでもこういう感じで自分が成長していると感じることができるから保育実践が面白いわけなのです。自分自身の成長を感じるまでには、数多くの失敗も繰り返し、そこから学びながら自分の力を鍛えていくのが保育者という専門家の姿なのです。

そしてもちろんそうやって自分を成長させるためには、相手と対話しながら、使う道具の手入れをし、道具を使う技術を磨くことが必要になってくるのです。


「残らない職人の仕事ってのもあるんですよ。エェ、私の仕事は一つも残ってません。着物のしみ抜きをやってます。着物のしみをきれいに抜いて、仕事の跡が残らないようにしなきゃ、私の仕事になりません」[10]

いや、これは至言です。もちろん意味してることはぜんぜん違うけれども、保育の仕事もやはり「残らない」という点では何か共通点があるような気がします。

たしかに子どもの中に「残る」といえばそのとおりなのですが、はたして保育者の働きかけが適切だったから子どもが育ったのか、他の力が強く働いたのか、あるいは子どもが勝手に育ったのか、その境目は実際のところ曖昧なのが保育という仕事の特徴でもあるのです。しかしながらそれでも、その「証拠の残らない」ところに保育の面白さがあり、本質があることは、おそらく保育に関わる人たちの実感なのではないかと思います。

いずれにしても「職人」と呼ばれる人も保育者も、次のような共通点を持っている感じが私にはしてならないのです。つまり、どこか面白がって仕事ができること、そしてそのためには相手（対象）のことを深く知る必要が生じること、相手（対象）に対して謙虚に対話する力が求められること、自分の力で強引に仕事をするのではなく、相手（対象・素材）の力を上手に引き出すことができること……。

いずれも数量化できる力ではなく、これらは職人の世界ではコツやカンといわれる世界なのです。保育の世界でも実はこうしたコツやカンといった力が、「専門家」の基底に位置づく力として求められているのですが、その力の差を数量化することはじっさい不可能に近い仕事なのだと思います。

もっともそれだからといって、保育は「職人芸」であり、その力を数量化することなど最初から無理なのだと言っていればすむというほど問題が単純でないことは、私も十分に知っているつもりです。

だとすればいったい何が重要になるのか。

答えはかんたんです。容易に数量化できない保育実践の本質を、マニュアル化・数量化とは違った方法で明瞭にすることが重要なのです。つまり、個性をもった保育者と、これまた個性をもった子どもたちの間で営まれる保育実践のドラマを、説得力ある言葉で「記述」することができるかどうかという問題が、なによりも大切になってくるということなのです。

6 保育の本質は保育者と子どもとの接触の機微

たとえば次に紹介するのは、鈴木美佐子さんという保育者が出している「クラスだより」の一部です。

記事の内容は、お昼寝の直前になって突然、服を着替えて家に帰ろうとしたA君とのあれこれを書いたものなのですが、あらためて保育者の専門性を考える実践例として読んでみると、これがけっこう保育の本質と、保育者の専門性を考えさせてくれる事例になっているのです。

とくに、突然「帰る」と言い出したA君を引き止めてからのやりとりが、面白い……。

保「どうして？　どうして帰ろうとするの？」
Ａ「帰りたいから帰るだけだよ。いいじゃないか、別に。センセーには関係ないよ」
保「なんで？　何も話してくれなかったらわからないよ。ちゃんと話してごらん」
Ａ「話すことなんかないね」
保「じゃ、私もこのまま帰すわけにはいかないよ」
Ａ「どうしてセンセーが決めるんだよ。ボクのことでしょ。ボクのことはボクが決めるんだよ！
　もう話すこと、ないからね」
保「私は話したいことがある！　聞きたいこともある。だから一緒に来て！」

読んでるともう、言い合っている二人の様子が手に取るように伝わってくる内容なのですが、この場面の保育者の気持ち、「クラスだより」にはさらに次のように記されているのです。

「私は気が動転して頭がグラグラしていました。どちらかといえば、物静かで甘えん坊だったA君。

そのA君が火のような激しさでぶつかってきたからです。A君が初めてみせた、反抗する姿でした。

この時、私の中では二つの思いがせめぎあっていました。ひとつはA君が言ったことば『ボクのことはボクが決める』……。六歳にしてここまではっきり言いきることができるなんてスゴイじゃないか！　よくぞ言ってくれた、と半ば感心する気持ち。そしてもうひとつは、正直に告白すると、一瞬ムカッとした感情でした」

実は鈴木さんのスゴイ所は、自分の中にあるこの矛盾する二つの気持ちにきちんと向き合いながら、実践をたて直し、創造していく点にあります。つまり彼女は、いつも「自分で考えて、自分で決められる子に」と子どもたちに要求している自分が、たとえ一瞬のこととはいえA君の言葉に「ムカッ」とした感情をもったことに、「矛盾してるじゃないか」とうろたえながら、それでもそんな自分をたて直そうと実践の過程で努力しているのです。

もちろんそれは、時間にすればほんの一瞬のことだったに違いありません。しかしながらその一瞬のうちに彼女は、「そういえば」と、食事中にA君を注意した場面と、昼寝の前に脱いだ服をクシャクシャに丸めて袋に詰め込むところを注意した場面とを頭に思い描き、そして反抗的な態度を続けるA君の思いを聞き取ろうと考え直していくのです。

保育者の姿勢の変化に対応するかのごとくA君は、重い口を開いて次のような言葉を語ってくれたと記録には書かれていますが、このA君の言葉がまたすごいのです。

「大人はずるいよ。だって大人は何だって自分たちのことは自分で決めるでしょ。パパもママもそう。センセーたちだってそうでしょ。その中ではボクが一番小さいから、みんなボクにいろんなことを言うじゃないか。ボクはそういうことがイヤなんだ」

いや、A君のこの言葉に「もう脱帽」といった感じさえするのですが、面白いのはさらにそのあと、腰を落ち着けて交わされる会話の数々にあります。少し長い記録ですが、ここはやはり省略しないで全文紹介しておくことにしましょう。

保「たとえば、どんな時にそう感じるの?」

A「たとえば? えーとね、お姉ちゃんはお風呂掃除のとうばんなんだけどね、ボクに〝掃除を代わってくれたら後でお菓子あげる〟とかいうのね。それでボクが掃除するでしょ。そうするとサ、〝やっぱりお菓子あげるのやーめた〟とか言うんだよ。そういう時、むかつく」

保「それはずるいよね。約束したことは守らなくっちゃ」

(……としばらくお風呂掃除の悩み相談の話題になる)

保「ところでA君、さっき食事の時に私から注意されたのも、イヤだなーと思ったんじゃないの?」

A(再びムッとした表情で)「そうだよ」

保「言わないほうがよかった?」

Ａ「うん」
保「何も言わないで、ニコニコして見ていればよかったのかな？」
Ａ「そうに決まってるじゃん」
保「ふーん……。でも私、それはできない」
Ａ「なんで!?」
保「Ａ君のことが好きだから。大好きな人が食事中に平気で立ち歩いているのは、私もイヤなの。
　気づいてほしいから、おかしいと思うことは、おかしいって言うの。嫌いだったら言わないよ。Ａ君のことを『どうなってもいい』と思ったら、きっとなにも言わないだろうね。だけどＡ君のこと大好きだから……、やっぱり言います！　でも本当は、言われなくても気づいてくれたほうが嬉しいけどね」
Ａ「……じゃあ聞くけど、風呂敷は？　風呂敷じゃなきゃだめって決まってるの？　センセーたちが決めるの？」
保「Ａ君はどうしたいの？」
Ａ「ボクは、あの袋が気に入っているから、風呂敷じゃなくって袋を使いたい」

保「ああ、そうだったの。袋を使いたかったのか……。わかりました。さっき注意した時、A君は何も言わずに、プイッとそっぽ向いてたでしょ。だから私はA君は服をたたむのが面倒だからズルして袋に入れたのかなーって、そう思っちゃったんだ。そうじゃなかったのにね。A君が今みたいに話してくれると、A君の気持ちがよーくわかるよ。でも黙って怒ってたら、A君の言いたいことは伝わらないものね。

袋を使いたいならどうぞ、OKよ。そのかわり服は、ちゃんとたたんでね」

A「袋が小さいから、たたんでも無理だよ」

保「そんなことないって。きれいにたためば小さく折りたためるから。ホラ、このとおり。どーんなもんだい」

A「どれ？　あ、本当だ。でもシーツは入りそうもないから金曜日は風呂敷にするよ」

保「そうだね……。ねえA君。きょうはA君といっぱい話せてよかったと思ってる。ありがとね。それからね、A君と話してて思ったんだけど、風呂敷のこと、あの時もっとA君の話を聞いてあげればよかったね。私ばっかりガンガン言ってたから、A君は言いたくても言えなかったのかもしれないね。きっと言い過ぎたんだと思う。ごめんね」

最後に鈴木さん。『「ウン」とうなずいたA君の目から涙がつーっと流れて、そして笑顔がもどりました』とまとめているのですが、最初に「ムカッ」と感じた自分のことを、さらに冷静な目で見つめ直し、次のようにも語っているのです。

「たぶん私は自分が抱え持つ矛盾やあいまいさ、甘さを突かれてうろたえたのだと思います。

子どもと大人は『合わせ鏡』のようなもの……。時として、大人がふだんは見たくないと思っている自分の弱さやイヤな部分を、目の前の子どもがクローズアップして見せてくれることがあります。

子どもとの関わりがキレイごとでは済まないというのはこういうことです。否応なしに素の自分をさらけだして、さまざまな自分と向き合わなければならない……。だから苦しくてシンドイのです。

でも、だからこそ、それ以上に面白くて楽しいのだと思います」

考えてみると保育実践の本質は、まさにここに見られるような保育者と子どもたちとのやり取りの中に存在していると考えるべきなのでしょう。そしてそうした相互の関係性の中で、即座に悩み、思考し、問題の本質を意味づけし直し、新しい関わりをデザインしていく……。そんな高度な作業を瞬時のうちに達成することが求められているのが、保育という仕事なのだと思うのです。

そしておそらくこの保育者が、A君との間でこんなていねいな取り組みをすることができたのは、自分の実践を文字に置き換え、常に反省的に成長することを課しているからなのだろうと思います。つまり彼女が、「実践を綴る保育者」として自らを高めていることが、そうした実践を保障しているのだと私は思うのです。

7 技術的熟達者としての保育者と、反省的実践家としての保育者と

ところでこのように、実践の中で思考し、自らの実践を創造していく専門家のことを、先に紹介したドナルド・ショーンは「反省的実践家」という名前で表現しています。

もちろんショーンは、保育者の専門性に限定して分析しているわけではなく、あら

ゆる「専門家」といわれる人が、歴史的にどのような力をもった人間として語られてきたかということを詳細に分析しているのですが、興味深いのはその中で、技術的合理主義に基づきながら近代社会が構築してきた「技術的熟達者」としての専門家から、「行為の中で省察する」「反省的実践家」としての専門家を求める時代へと、いま歴史が動きつつあると語っている点にあります。

ショーンの見解をここで詳しく紹介する余裕はありませんが、たとえば教師の専門性に関して、トルストイの次の言葉を引用しながら、「行為の中で省察する」専門家のイメージを描き出している点などは、保育者の専門性を考えるうえでも参考になります。すなわちトルストイは、教師の専門家としての力量を、次のような言葉で語っていたというのです。

最も良い教師というものは生徒を悩ましているものが何であるかをいつでも詳しく説明できる人だろう。これらの説明が、考えられるかぎりの方法的知識と新しい方法を考え出す能力とを、そしてとりわけ一つの方法に盲目的に固執するのではなく、あらゆる方法が一面的であるという信念、および生徒が陥る可能性のあるあらゆる困難にとって最適の方

法は一つのメソッドではなく、アートであり才能なのだという信念を教師に与えるのである。(11)

教育に最適の方法は、「一つのメソッドではなく、アートであり才能なのだ」というのは示唆に富んだ言葉ですが、ショーンが引用するトルストイの次の言葉も、さらに興味深い内容になっています。

「……どの教師も、生徒の理解におけるあらゆる不満を、生徒の欠点としてではなく、教師自身の教授の欠点としてみることによって、新たなメソッドを発見する能力を自分自身の中に開発していくよう努めなければならない……(12)」

考えてみれば保育実践は、そもそもこうした子どもとの対話的関係によって成立する実践なのです。そしてそこで求められる保育者の専門家としての力量は、まさにここでショーンがいう「反省的実践家」としての力量にほかならないのです。

つまり保育実践という営みは、保育の対象である子どもたちと、常に対話しながら展開される実践であり、そこで働く保育者に求められる専門家としての力量は、子どもと対話する力量であると同時に、常に「行為しながら考える」ことのできる柔軟で創造的な実践力量だということなのです。

ところが一九九〇年代に入ってからさらに顕著に表れるようになってきた、保育施設を「市場の論理」にさらしていく、いわゆる民営化・市場化徹底化政策の中で展開される保育者専門性論には、こうした視点が完全に欠落しているのです。つまり、保育の営みは完全に「保育サービス」として両親のところに提供され、「利用しやすい保育所」という名のもとに「両親の選択の自由」に委ねられてきた点に、何よりも大きな問題があるのです。

いや、問題は「欠落」どころではないのです。

たとえば次に紹介するのは、第三章でも触れた「規制緩和」に関する予算委員会の審議内容ですが、幼保一元化問題に関わって小泉首相は、次のような発言をしているのです。

岡田委員　〔前略〕そういう観点に立ったら、こんなややこしい話、宗教論争をやめて、もっと地方に全部ゆだねる、お金もゆだねる、法律だけは最低限のことだけ決めておいて、どういう子供を預かる施設をつくるかも市町村や都道府県にゆだねる。そこまでやれば、こんな問題、全部解決するじゃないですか、いかがですか。

小泉内閣総理大臣　そのように、地方の裁量権、親御さんの立場、お子さんの立場、それを重視してできるようにしなさいと。今までどちらかというと、保育園経営者の立場、幼稚園経営者の立場、そういう面の配慮が過ぎたのではないか、要は、親の立場、子供の立場、そして地方でできることは地方に任せるという方向でやりなさいとはっきり指示を出しているんですから、この方向に沿って進むんです。

第一、親御さんは保育士の免許、幼稚園の教員免許を持っていなくたって、三歳児だろうが五歳児だろうが、みんな育ててるじゃないですか。よく考えろと、そういうことを。厚生労働省にも文部省にも、保育団体にも幼稚園団体にも、私よく言っているんですよ。何のために小泉さんを支持してきたんだ、我々の逆のことばかりやってと責められているんだけれども、私は、たじろがないで、やはり親御さんの立場、子供さんの立場に沿ってこういう改革を進めていきなさいと。その方向に沿って、進んでいるんです、進めているんです。よくご理解いただきたいと思います。

もちろん私とて、「言葉尻」をとらえた議論をここで展開しようとは思わないのですが、それでも国政の最高責任者である総理大臣が、衆議院予算委員会という場で語った保育者の専門性に対する認識がこの程度のものであったという事実は、やはり問題だと考えざるをえないのです。

なぜならもしもこれが学校の「教師」だったら、おそらくこうした言葉で語られることはなかっただろうと思われるからです。つまりその背後には、保育実践という営みを、親に代替して一定の時間子どもを預かる仕事といったレベルでしか認識していないことが問題なのです。

今私たちに求められているのは、乳幼児の段階から子どもたちを「権利主体」として意識的に育てていくことにあります。つまりこれからの保育実践は、たんに親たちの「託児要求」に応えていくだけでなく、新たな時代を担う子どもたちを育てる意識的な実践として展開される必要があるのです。

そしてそうした実践を創造的に作り出していくためには、何といってもこれからの保育施設を、子どもの発達保障を第一義に構想し、そこで働く保育者が「専門家」として尊重され、「専門家」としての力量を形成していく条件が、保育現場に整備されることが大切になってくるのです。

おわりに

実は本文の中にはまったく登場してこなかったのですが、日本の保育・幼児教育制度が大きく変わり始めた一九九〇年代の初め、私は『現代と保育』に「保育所・保育制度の一九九〇年代」（『現代と保育』第26号、一九九一年）という論文を書いたことがあります。

「今、確かに何かが変わりつつある……。」

こんな予感とともに書き始めたこの論文は、日本の保育・幼児教育の世界に起きかけている変化が、実は日本社会の構造的変化に対応したものだということを論じたものだったのですが、この論文の中に科学技術庁資源調査会がまとめた『子ども、地球二一世紀への旅立ち』（大蔵省印刷局）という本を紹介した部分があります。

「乳幼児の親が、さまざまな家族の生活タイプ、さまざまな子育てタイプの選択に応じて、自立努力と多次元的に設定された社会的サポートシステムの中から賢い選択、賢い組み合わせを行うことによって、乳幼児の人間的知性の健やかな発達と、親自身の豊かな生活とが実現できるような具体的方策を進める必要がある」

一九八八年に出版された本なのですが、なんといっても使われている言葉の一つひとつが心地よいのです。「自立努力と多次元的に設定された社会的サポートシステムの中から賢い選択、賢い組み合わせ」「乳幼児の人間的知性の健やかな発達」「親自身の豊かな生活」と、親たちにとって理想の保育システムが提案されそうな、そんな予感に満ち溢れた文章がちりばめられた一冊になっているのです。

ところがそうしたアイデアを全部集めて描かれたモデル図が、「育児ＳＯＳサービス施設」と「エキスパートベビーシッター」とを核にした、バラバラな「多次元システム」だというのはどういうことなのか……。いやそれよりも、この報告書を出したのが経済企画庁資源調査会だというのはいったい何を意味しているのか……。

本書は、その頃から実際に動きを見せ始める保育・幼児教育界の「変化」の意味を、経済と保育、政治と保育に関する歴史的・構造的分析という視点からまとめたものです。書いた内容については、読者の皆さんの評価を待つしかありませんが、本文の中で書ききれなかった問題について、一点だけ補足をしておくことにします。

それは、本書で論じた制度理念に関する記述と、実際の保育現場で展開されている実践の関係に関わる問題にほかなりません。

たとえば本書の中で私は、親たちの労働時間を制限し、親と子が育ちあうことが可能となる時間と空間を社会的に保障することが重要だと何度か書きました。つまり長時間保育などしなくても良い環境を作ることが、むしろ社会の責任の取り方なのだと……。

しかしながらこんなことを書くと、「それでは十三時間保育園を開けて、さらに夜間保育までしようとしている私たちの努力は無意味だというのか」といった保育者から疑問の声が上がってくるかもしれません。あるいは親たちからは、「それでも働かざるをえない自分たちのことはどうしてくれるのだ」という怒りにも近い言葉が出されるかもしれません。

いやそれだけではありません。「保育者の努力は、もう限界を超えつつあるとあなたは書いたが、私の知っている保育者をみていると、自分よりうんと楽そうに思う」という声や、「そうやって保育者の肩を持っているから、待機児だっていっこうに減らないんだ」といった厳しい声を上げる人だっているかもしれません。

私自身は、そうした現実が存在していることは十分に承知したうえで、この本を書いてきたつもりです。そして実際に長時間保育、夜間保育をさまざまに工夫しながら実践している保育者の努力はもっと重ねなければならないと考えていますし、当面は必要とされる保育需要に可能な限り応えていかなければならないと考えています。

なぜなら、保育や医療といった仕事は、そこに困っている人がいたら、たとえ勤務時間が終わったからといって目の前の問題を放置することが許されない仕事だからです。やはりそれには、何とか工夫して応えていかなければならないのです。そしてどんなに体制や条件に問題があったとしても、通ってくる子どもたちの成長に責任を持つことは、プロの保育者として最低限努力しなければならないことなのです。

しかしながら、そうした「目の前」で起きる諸々の問題と、「制度理念」の問題とをいちおう切り離して考えない限り、問題の本質を見ることは難しいのです。したがって本書の中では、「目の前」で起きている事実を意識しながらも、そこで発生している諸々の問題に振り回されないで少し先の展望を明らかにするために、あえて現実に対する具体的対応や工夫に関する議論にはふれないできました。

もちろん、現在取り組まれている諸々の努力は貴重な意味をもっていますし、そうした努力を軽視することが許されないことは事実です。しかしながらそうだからといって、こうした努力を積み重ねていけば、ただそれだけで子どもと親たちの明るい未来を切り開くことができるのかというと、それはそんなに単純な問題ではないということなのです。

そしてそれゆえに、私はこの本の中で訴えたかったのです。一度、豊かに子育て・子育ちを展開する理想の社会を大胆に描き出してみようと……。そしてそのうえで、具体的な政策を選択する際には、レベルの高い妥協をしていこうと……。

そうです。まずは思いっきり大胆に、子どものために何が「最善」なのかという視点から、地域の子育てマップ、社会的保育施設の形を描いていくのです。そしてその後でゆっくりと、妥協すべきは妥協しながら行動計画を立てていけばいいのです。

たとえば宮崎駿氏と養老孟司氏との対談をまとめた『虫眼とアニ眼』（徳間書店）という本がありますが、この本の冒頭部分で宮崎氏は、自分の中にある「アニ眼」という眼で二一世紀の社会を描いてみると、自分は「まず町のいちばんいい所に子供達のための保育園を（幼稚園もかねる）」作るとして、氏の考える理想の保育園を「アニ眼」で描いているのです。ここに描かれた理想の保育園の図[1]など見ていると、私たちの提案する要求がいかに控えめで消極的か、思わず考えさせられてしまいます。

宮崎氏の描いた絵は、まるで「風の谷のナウシカ」にでも登場してきそうな園の風景なのです。基礎はすべてコンクリートなのですが、コンクリート部分を土と木で隠して、表面はすべて土と木が剥き出しの構造になっているのです。

たとえば、保育室の床はすべて土でできています。近代的な設備もほんとうは準備されているのですが、ここでは可能な限り自然な状況を再生するように工夫が施されているのです。部屋の中を子どもたちが遊びたくなるような空間にする。絵本を読むときだって、土手に座ったような状態で、自然に絵本が読めるように空間を作り出す。部屋の真ん中の空間で、楽しそうに調理しているのは「衛生上問題だ」と指摘する人もでてきそうですが、ここではそんなに細かいことを言わないで、とりあえず子どもたちの生活の中心に「食」を位置づけるというイメージとして理解しておけばいいでしょう。

「木のぼりのき」というのがあります。そこには「あぶなくしないと子供は育たない」と書かれています。保育園（幼稚園）で当たり前に包丁やナイフを使え、ハサミや針を使えるようにしようというのです。火を燃やして火を消せるような保育園にしたらおもしろいし、紐や縄を結んでほどくくらい、年長になればかんたんにできるようになっていく、そんな生活をたっぷり保障する園の形を宮崎氏は描いているのです。

そうなのです。宮崎氏の描くアニメの世界ではなく、現実にこういうイメージで、子どもが育つ当たり前の生活を、いま意識的に再生していくことが私たち大人の「子どもへの責任」にほかならないのです。

考えてみると私たち自身、すでにかなり不自然な生活を強いられているのです。二〇世紀の百年をかけて、どうも私たち人間は、かなり不自然な生活をつくりだしてきた感じなのです。そしてこのように不自然に作ってしまった社会を、人間として生きていく価値のある、持続可能な社会へと転換していくことが、まさに現代を生きる私たちの課題なのです。そしてそのためには、まず子どもたちが生きいきと生活する空間と時間を、意識的に再生創造していくことが重要になっているのです。

たとえばドイツでは、子どもたちに「環境教育」を実施する中で、大人と子どもが共同してこうした挑戦をしているといいます。護岸工事をしてしまった川をもう一度コンクリートをはがして、土と草にして自然の川へ戻していくという形で、自然を子どもと大人で作り直しているというのです。もちろんそれには、お金がかかります。しかし一回作ったものはもったいないからそのままにしておこうということではないのです。百年先を見通したときに、人が人らしく生きる空間をもう一度、生成させていく……。そういう空間の中心に、保育園・幼稚園を位置づけ直していけばいいのです。

近い将来、日本中の園には、おそらく園庭に池があって小川が流れているでしょう。だから、メダカだって自分の園の中でとることができるのです。もちろん、そこにポチャンと落ちることだったある……。こんな空間を六十人くらいの子どもたちが使う権利くらい、大人の責任でなんとかしようというのです。

もちろん、ただ大風呂敷を広げて議論すればいいと言っているわけではありません。こうした議論の後に、レベルの高い妥協点を探し出す力こそが私たちには問われているわけです。

たとえば、宮崎氏の描いた園を作ることはさすがに無理だと思ったら、少なくとも地域の公園と保育園の間にある道路を、子どもの視点から作り直してみるというアイデアを出していけばいいのです。車に気を使わないで公園までいけるだけでなく、土と草と花に囲まれた変化に富んだ空間に変えていくのです。するとそれだけで子どもの生活は一変します。そしておそらくそうした環境の中で子どもたちの能動性は、一気に花開いていくことになるでしょう。

おそらく何よりも重要な問題は、こうして理想を語り合うことを相互に牽制し合うような雰囲気が巷間に漂っている点にあります。そしてそんな雰囲気が支配的になる中、「あきらめ」のような感情が人びとを支配し始め、本来手をつなぎ合うべき人間同士がぶつかり合い、いがみ合う現実が作り出されている点が問題なのです。

しかしながらこうした時代だからこそ、私たちは今、子どもが人間に育っていく理想の道筋を社会全体で語り合い、デザインしていく必要があるのです。そしてそれに合わせて、大人の生き方も問い直してみる必要があるのです。

なぜなら、子どもを育てる営みは、子どもの中に、生きることの希望と、喜びを育てる営みだからです。子どもが輝く時代は、大人たちも幸福に生きることのできる時代だからです。そして何よりも私たち人間は、理想を現実にしながら文化を創造していく存在なのですから。

本書をきっかけに、多くの議論と、多様な「民主主義のプロジェクト」に向けた試みが沸き起こることを期待します。

二〇〇四年四月　全国の国立大学が独立行政法人という新しい設置・運営システムに移行した年の春に

山梨大学　加藤　繁美

〈注〉

はじめに

（1）役所てつや原案、矢崎綜一著『フクシノヒト』文芸社、二〇〇四年

（2）『朝日新聞』二〇〇三年一二月四日

第一章

（1）城戸幡太郎「回想　幼保一元化を主張」『戦後保育史』第一巻、フレーベル館、一九八〇年、四二六頁—四二七頁。

（2）中谷千蔵「学校教育法に幼稚園が規定せられる迄」日本幼稚園協会編『幼児の教育』第46巻第5号、一九四六年、一〇頁

（3）松崎芳伸「松崎日誌」児童福祉法研究会『児童福祉法研究』創刊号、一九七七年、四八頁

（4）松崎芳伸「保育所と幼稚園」日本幼稚園協会編『幼児の教育』第46巻第10号、

一九四六年、五頁

（5）松崎、前掲「松崎日誌」

（6）戦後改革期における幼保一元化問題の展開過程に関しては、拙著「戦後改革期における保育一元化問題の展開過程」（鈴木英一編『教育改革と教育行政』勁草書房、一九九五年）等を参照のこと。

（7）松崎芳伸「児童政策の進路」厚生省児童局監修『児童福祉』東洋書館、一九四八年、四九頁

（8）同前、五〇頁

（9）「教育政策」を「権力に支持された教育理念」と定義し、教育制度の発展を「教育運動」と「教育政策」との緊張関係において整理したのは宗像誠也であったが（『教育と教育政策』岩波新書、一九六一年）、保育・幼児教育制度をめぐる対立の構図は、「幼児教育」理念における「政策」と「運動」の対立にとどまらず、「労働」のあり方、「女性」の生き方、「家族」のあり方、「社会保障・社会福祉」のあり方をめぐる理念上の対立関係を複雑に絡ませながら展開してきた経緯がある。

(10) 佐藤喜美子『つっぱり母さんの樹』汐文社、一九八五年、三一頁

第二章

(1) 木下武男「日本型雇用・年功賃金の崩壊と新しい賃金運動の構想」『ポリティーク』第3号、旬報社、二〇〇二年、五七頁
(2) 神野直彦『「希望の島」への改革』日本放送出版協会、二〇〇一年、一二四頁
(3) 同前、一二七―一二八頁
(4) 島田晴雄『明るい構造改革』日本経済新聞社、二〇〇一年、二四二―二四三頁
(5) 松崎芳伸「児童政策の進路」厚生省児童局監修『児童福祉』東洋書館、一九四八年、四九頁

第三章

(1) 二宮厚美「小泉構造改革と戦後福祉構造の転換」『賃金と社会保障』一三一三号、旬報社、二〇〇二年、五二頁―五五頁。なお、保育制度改革の全体像に関する二宮氏の見解については、『構造改革と保育のゆくえ』(青木書店、二〇〇三年)

がさらに詳しい。

(2)経済産業省・男女共同参画に関する研究会「『男女共同参画に関する研究会』報告書―経済主体・経済活動の多様化と活性化を目指して―』二〇〇一年六月

(3)総合規制改革会議「『規制改革推進のためのアクションプラン・12の重点検討事項』に関する答申―消費者・利用者本位の社会を目指して」二〇〇三年七月一五日

(4)『衆議院予算委員会議事録』(第一五六回国会第26号)二〇〇三年七月一八日

(5)「総合規制改革会議アクションプラン実行ワーキンググループ・第五回議事要録」二〇〇三年四月九日

(6)日本経団連「子育て環境整備に向けて―仕事と家庭の両立支援・保育サービスの充実―」二〇〇三年七月

(7)経済戦略会議「日本経済再生への戦略」一九九九年一一月二六日

(8)経済産業省・男女共同参画に関する研究会、前掲報告書

(9)島田晴雄『明るい構造改革』日本経済新聞社、二〇〇一年、一八二頁

(10)Peter Moss (1999) ,Early Childhood Institutions as a Democratic and

Emancipatory Project, Lesley Abbott and Helen Moylett (Eds.), *Early Education Transformed*, Taylor and Francis Group, pp.146-147.

第四章

（1）『週刊新潮』新潮社、二〇〇二年八月二九日

（2）斉藤学『家族の中の心の病―「よい子」たちの過食と拒食―』講談社、一九九七年、一一三頁

（3）子育ての世代間伝達の問題を「育てられる者」と「育てる者」との関係で分析したのは鯨岡峻氏である。氏の『〈育てられる者〉から〈育てる者〉へ―関係発達の視点から―』（日本放送出版協会、二〇〇二年）は、こうした問題を考えるうえで参考となる。

（4）堀尾輝久『現代社会と教育』岩波書店、一九九七年、四二―四三頁

（5）落合恵美子『21世紀家族へ』有斐閣、一九九四年、八六頁

（6）拙著『子どもの自分づくりと保育の構造』（ひとなる書房、一九九七年）、『人とのかかわりで気になる子』（共著、ひとなる書房、一九九九年）、『子どもと歩

けばおもしろい』(小学館、二〇〇二年)等参照。

第五章

(1)齋藤純一『思考のフロンティア　公共性』岩波書店、二〇〇〇年、ⅷ頁―x頁

(2)神野直彦『「希望の島」への改革　分権型社会をつくる』日本放送出版協会、二〇〇一年、三一頁―三三頁

(3)堀尾輝久、金子仁『教育と人権』岩波書店、一九七七年、八四頁―八五頁

(4)大宮勇雄「共同保育所運動における親の教育主体への形成」『東京大学教育学部紀要』第19巻、一九八〇年、一六二頁

(5)高田眞治『社会福祉内発的発展論』ミネルヴァ書房、二〇〇三年、二一六頁

第六章

(1)ドラマ「ER」は一九九四年にNBCで放映して以来、視聴率で五年連続全米一を誇る人気番組である。テレビ界のアカデミー賞と言われるエミー賞を五年連続で受賞し、テレビドラマとして高い評価を得ている。

（2）イヴァン・イリイチ『コンヴィヴィアリティのための道具』（渡辺京二・渡辺梨佐訳）日本エディタースクール出版社、一九八九年、一～一五頁。

イヴァン・イリイチは、『脱学校の社会』（東京創元社）の著者として有名だが、これらの著作を通し彼は、学校というシステムが表面上は数学や自然科学の知識を教えるといった教育カリキュラムに従って教育活動をしているように見えるものの、実は全体として権力に対して従順に学習する態度を教えていく「ヒドゥンカリキュラム（隠されたカリキュラム）」を内包しているといった形で、社会システムとしての学校を鋭く分析している。

（3）ここで使用されている「自立共生」という言葉は、イリイチがconviviality という言葉で提案した概念を翻訳者の渡辺京二、渡辺梨佐氏がイリイチの説明にもっとも近い日本語として翻訳したものとされている。

（4）ドナルド・ショーン『専門家の知恵　反省的実践化は行為しながら考える』（佐藤学・秋田喜代美訳）ゆみる出版、二〇〇一年、二三頁

（5）Peter Moss（1999），Early Childhood Institutions as a Democratic and Emancipatory Project, Lesley Abott and Helen Moylett（Eds.), *Early Education*

Transformed, Taylor and Francis Group.p.143.　なおモスの主張については、拙著「世紀転換期の保育社会化論と子どもの権利」（『山梨大学教育人間科学部紀要』第3巻1号、二〇〇一年）を参照のこと。

(6)『読売新聞』二〇〇三年、三月一六日

(7) 永六輔『職人』岩波新書、一九九六年、一三頁

(8) 同前、一八頁

(9) 同前、二一頁

(10) 同前、二五頁

(11) ドナルド・ショーン、前掲書、一一三頁—一一四頁

(12) 同前、一一四頁

おわりに

(1) 養老孟司、宮崎駿『虫眼とアニ眼』徳間書店、二〇〇二年、三頁—二四頁

加藤　繁美
（かとう　しげみ）

1954年生まれ
名古屋大学大学院教育学研究科博士前期課程修了
現在　山梨大学教育人間科学部教授

著書
『保育の基礎理論』（共著、旬報社、1987年）
『保育者と子どものいい関係』（ひとなる書房、1993年）
『早期教育が育てる力奪うもの』（ひとなる書房、1995年）
『子どもの自分づくりと保育の構造』（ひとなる書房、1997年）
『しあわせのものさし』（ひとなる書房、1999年）
『保育と文化の新時代を語る』（共著、童心社、1999年）
『これがボクらの新・子どもの遊び論だ』
（共著、童心社、2001年）
『子どもと歩けばおもしろい』（小学館、2002年）

保育の教室②
子どもへの責任

2004年6月29日　初版発行
2006年3月27日　二刷発行

著　者　加藤繁美
発行者　名古屋研一

発行所　㈱ひとなる書房
東京都文京区本郷2－17－13
広和レジデンス101
TEL 03（3811）1372
FAX 03（3811）1383
Email:hitonaru@alles.or.jp

＊落丁本、乱丁本はお取り替えいたします。　
印刷／モリモト印刷株式会社

上／ISBN4-89464-072-4 下／ISBN4-89464-073-2　上・下 各本体1700円